幼儿园
劳动教育指导手册

吴小梅◎著

安徽师范大学出版社
ANHUI NORMAL UNIVERSITY PRESS

· 芜湖 ·

图书在版编目(CIP)数据

幼儿园劳动教育指导手册 / 吴小梅著. -- 芜湖：
安徽师范大学出版社, 2025. 5. -- ISBN 978-7-5676-6986-4

Ⅰ. G613.3

中国国家版本馆CIP数据核字第2025PE9940号

幼儿园劳动教育指导手册   吴小梅◎著

责任编辑：房国贵   责任校对：潘　安　王雨嫣
装帧设计：张　玲　姚　远　责任印制：桑国磊
出版发行：安徽师范大学出版社
　　　　　芜湖市北京中路2号安徽师范大学赭山校区
网　　　址：https://press.ahnu.edu.cn
发 行 部：0553-3883578　5910327　5910310(传真)
印　　　刷：安徽新华印刷股份有限公司
版　　　次：2025年5月第1版
印　　　次：2025年5月第1次印刷
规　　　格：880 mm × 1230 mm　　　1/32
印　　　张：9.375
字　　　数：218千字
书　　　号：978-7-5676-6986-4
定　　　价：40.00元

凡发现图书有质量问题,请与我社联系(联系电话:0553-5910315)

前　言

2018年9月，习近平总书记在全国教育大会上强调：要在学生中弘扬劳动精神，教育引导学生崇尚劳动、尊重劳动，懂得劳动最光荣、劳动最崇高、劳动最伟大、劳动最美丽的道理，长大后能够辛勤劳动、诚实劳动、创造性劳动。要努力构建德智体美劳全面培养的教育体系，形成更高水平的人才培养体系。2020年3月，《中共中央　国务院关于全面加强新时代大中小学劳动教育的意见》提出："全面构建体现时代特征的劳动教育体系。"

《幼儿园保育教育质量评估指标》"生活照料"部分考察要点提出："指导幼儿进行餐前准备、餐后清洁、图画书与玩具整理等自我服务，引导幼儿养成劳动习惯，增强环保意识、集体责任感。"

《幼儿园督导评估重点指标》"'五育'并举"指出："保教过程体现促进幼儿德智体美劳全面发展的教育内容。"目前，幼儿园劳动教育没有独立设置课程，均将劳动教育置于五大领域的子目标层次下。《幼儿园教育指导纲要（试行）》将"培养其对劳动者的热爱和对劳动成果的尊重"纳入"社会"领域内容与要求,将"培养幼儿良好的饮食、睡眠、盥洗、排泄等生活习惯和生活自理能力"纳入"健康"领域内容与要求。《3~6岁儿童学习与发展指南》把"生活习惯与生活能力"作为"健康"领域第三个方面。但是,劳动课程体系零散有可能导致幼儿园劳动教育实施内容不清,劳动项目选择很随意,"跟风"现象很普遍,劳动教育组织实施浅尝辄止、流于形式、千人一面等问题。

基于有关文件对幼儿园劳动教育的指导意见,我们着手拟订《幼儿园劳动清单》(简称《清单》),以期为丰富幼儿园劳动教育课程资源作点贡献。

第一,拟订《清单》的基本思路是:将幼儿园劳动教育与五大领域课程深度融合,渗透于一日生活之中。同时高度重视幼儿园与家庭密切配合,保障幼儿参与劳动的机会和时间。通过成人的鼓励、支持和肯定,让幼儿体会到劳动的自豪和愉悦,以更饱满的情绪参与劳动实践,保持对劳动实践的兴趣,通过劳动实践实现培养幼儿劳动精神、劳动习惯、劳动能力的目的。

劳动教育内容的选定充分考虑儿童发展的综合性、实践性、开放性、针对性。

(1)综合性。《清单》重点关注幼儿劳动教育核心素养,同时整合劳动过程中所涉及的其他领域知识。如教学设计《一起做沙拉》,幼儿在尝试制作沙拉的实践过程中,学习了沙拉的制作过程和方法,体验了制作的乐趣。

(2)实践性。《清单》高度重视幼儿动手实践,有目的、有计划地利用家庭、社会、幼儿园资源,引导幼儿参加日常生活劳动、生产劳动和服务性劳动,让幼儿在劳动实践中接受锻炼、磨炼意志，树立正确劳动价值观和培养良好劳动品质。

（3）开放性。引导幼儿园老师以《清单》等为指导，充分结合园情，利用本土教育资源，因地制宜地组织实施，让劳动教育在幼儿园落地生根，开花结果。

（4）针对性。《清单》充分尊重幼儿年龄特点和个体差异，高度重视项目之间横向融通，同时兼顾纵向有序，充分考虑劳动内容的阶段性。对同一劳动项目不同年龄班、不同发展水平的幼儿提出不同的要求。如"我会喝水"，小班的目标是了解多喝水的重要性，有主动喝水意识，知道喝水的正确方法和步骤。中班的目标是提醒幼儿渴了就要喝水，要求自主取水。大班的目标是养成按需喝水的良好习惯。又如对生产劳动工具选用时，材质要从塑料、木质到铁制，型号要从小到大，安全性上要由钝到锋，每个幼儿根据自己的已有经验选择适宜的劳动工具。

第二，《清单》拟定主要经历五个阶段。

（1）组建团队。根据课程实践探索需要，充分考虑课程建设实际行动能力，本着自愿参与的原则，枞阳县选择县内六所市级一类幼儿园作为试点园，遴选学科带头人、骨干教师，分小、中、大班三个实践探索小组参与《清单》拟定。每小组五个人。教研员全面主持《清单》拟订工作。

（2）拟定《清单》。《清单》拟订小组反复研读文件，查阅了大量资料，重点参考成都市金牛区幼儿园劳动清单、常熟市游文幼儿园劳动实践系列活动等，同时结合县域实际，拟订了《清单》初稿。

（3）实践《清单》。对照《清单》，同一年龄组五位教师同步实施同一劳动项目，各自形成包括教案、劳动过程影像资料、劳动案例、教育笔记、教育反思等在内的项目资料。

（4）研讨《清单》。一是年级组内研讨。经过一学年实践，各组教师整理好相关材料，整合同一项目五位教师的资料，讨论确定在《清单》初稿基础上，需要增减哪些劳动项目，形成《清单》第二稿。二是进行组之间衔接研讨。在各组形成《清单》第二稿基础上，开展学前段《清单》衔接研讨，形成统一模式的学前三年《清单》第三稿。

（5）确定《清单》。针对修订后的《清单》第三稿，邀请专家指导，在专家的引领下形成《清单》定稿。

第三，《清单》将幼儿园劳动具体分为日常生活劳动、服务性劳动、生产劳动三个不同项目，确定了具体劳动内容、劳动教育要点、劳动教育实施形式等。

具体来说，《清单》确定了63项包括起居类、饮食类、家庭服务类、园内服务类、园外服务类、种植类、养殖类、手工类、科技创新类等在内的具体劳动内容，并明确了不同班劳动教育的侧重点。如：小班以日常生活劳动为主，中班增加服务性劳动内容、大班生产劳动内容比重增加。《清单》还针对每项劳动内容实施形式如集体教学、区域活动、日常活动、家园共育、户外活动、社区活动提供了具体建议。最后，《清单》在实施集体教学部分附上了具体教案，对其他几种劳动教育实施形式，附上了具体的指导要点。

《清单》课程内容覆盖面广泛，已于2022年底以文本的形式在县域内推广使用，给各幼儿园提供参考依据。县域内幼儿园在劳动育人的总目标下，结合幼儿园班级实际情况选择劳动项目，确定适合开展的劳动内容，形成园本化的劳动清单。教师要着手深入挖掘劳动项目的育人价值，真正发挥劳动教育综合育人的功能。

目　录

教育案例选

园本化实施成效

幼儿园劳动清单及其实施成效与思考

幼儿园劳动清单

吴小梅

幼儿园小班第一学期劳动教育活动安排：

时间	劳动内容	劳动类型	劳 动 形 式						涉及领域
			集体教学	区域活动	日常活动	家园共育	户外活动	社区活动	
九月	我会喝水	日常生活劳动			√	√			劳动 健康
	我会擦嘴	日常生活劳动			√	√			劳动 健康
十月	我会拿取点心	日常生活劳动			√	√			劳动 健康
	我会用小勺	日常生活劳动			√	√			劳动 健康
十一月	我会摆放鞋子	服务性劳动			√	√			劳动 社会
	我会脱裤子	日常生活劳动			√	√			劳动 社会

续　表

时间	劳动内容	劳动类型	劳动形式						涉及领域
			集体教学	区域活动	日常活动	家园共育	户外活动	社区活动	
十二月	我会搬放椅子	服务性劳动			√				劳动　社会
	我会收拾玩具	服务性劳动	√		√				劳动　健康
一月	我帮老师挂毛巾	服务性劳动			√				劳动　社会

幼儿园小班第二学期劳动教育活动安排：

时间	劳动内容	劳动类型	劳动形式						涉及领域
			集体教学	区域活动	日常活动	家园共育	户外活动	社区活动	
二、三月	我会穿裤子	日常生活劳动	√		√	√			劳动　社会
	我会卷袖口	日常生活劳动	√		√	√			劳动　社会
	我会洗手	日常生活劳动	√		√	√			劳动　健康
四月	亲子手工：创意花盆	生产劳动				√			劳动　艺术
	我会穿袜子	日常生活劳动			√	√			劳动　健康

续　表

时间	劳动内容	劳动类型	劳动形式						涉及领域
			集体教学	区域活动	日常活动	家园共育	户外活动	社区活动	
五月	我会穿脱套头衫	日常生活劳动			√	√			劳动　社会
	洗洗擦擦真快乐	日常生活劳动			√				劳动　社会
六月	手工制作：美丽的手环	生产劳动	√	√		√			劳动　艺术
	自己拿，自己放	日常生活劳动			√	√			劳动　社会

幼儿园中班第一学期劳动教育活动安排：

时间	劳动内容	劳动类型	劳动形式						涉及领域
			集体教学	区域活动	日常活动	家园共育	户外活动	社区活动	
九月	我会刷牙	日常生活劳动	√	√	√	√			劳动　健康
	一起做沙拉	手工劳动	√	√		√			劳动　艺术

续　表

时间	劳动内容	劳动类型	劳动形式						涉及领域
			集体教学	区域活动	日常活动	家园共育	户外活动	社区活动	
十月	小组扣钻洞洞	日常生活劳动	√	√	√	√			劳动　社会
	送给爷爷奶奶的礼物	手工劳动	√	√		√			劳动　艺术
十一月	给植物浇水	服务性劳动				√			劳动　社会
	给金鱼喂食	生产劳动			√				劳动　社会
十二月	我给大树穿冬装	服务性劳动	√		√				劳动　社会
	学会佩戴口罩	日常生活劳动	√		√	√			劳动　健康
	我会收拾餐具	日常生活劳动			√	√			劳动　社会
一月	我会晾晒物品	服务性劳动			√	√			劳动　社会
	过新年买年货	服务性劳动				√		√	劳动　社会

幼儿园中班第二学期劳动教育活动安排：

时间	劳动内容	劳动类型	劳动形式						涉及领域
			集体教学	区域活动	日常活动	家园共育	户外活动	社区活动	
二、三月	我会叠整齐	日常生活劳动	√		√	√			劳动 社会
	我为妈妈洗洗脚	服务性劳动	√			√			劳动 社会
	喂养小蝌蚪	生产劳动			√				劳动 科学
四月	小小值日生	服务性劳动			√				劳动 社会
	有趣的扎染	生产劳动	√	√					劳动 艺术
五月	制作劳动勋章	手工劳动	√	√					劳动 艺术
	我会洗毛巾	日常生活劳动	√			√			劳动 社会
六月	制作绿豆糕	生产劳动	√			√			劳动 艺术
	我会整理床铺	服务性劳动			√	√			劳动 社会

幼儿园大班第一学期劳动教育活动安排：

时间	劳动内容	劳动类型	劳动形式						涉及领域
			集体教学	区域活动	日常活动	家园共育	户外活动	社区活动	
九月	校园清洁我能行	服务性劳动			√				劳动 社会
	做家务真开心	服务性劳动			√	√			劳动 社会
	制作月饼	手工劳动	√			√			劳动 艺术
十月	重阳节义卖活动	服务性劳动				√		√	劳动 社会
	筑建龟舍	生产劳动	√		√				劳动 社会
十一月	挖山芋	生产劳动			√	√			劳动 社会
	制作冰糖雪梨	手工劳动	√			√			劳动 健康
	给乌龟洗澡	生产劳动			√				劳动 健康
十二月	制作涂鸦机器人	手工劳动	√	√					劳动 艺术
	学会剪指甲	日常生活劳动	√	√	√	√			劳动 健康
	我会修补图书	服务性劳动	√	√		√			劳动 社会

续　表

时间	劳动内容	劳动类型	劳动形式						涉及领域
			集体教学	区域活动	日常活动	家园共育	户外活动	社区活动	
一月	小小快递员	服务性劳动	√	√					劳动 社会
	学织围巾	手工劳动		√					劳动 社会

幼儿园大班第二学期劳动教育活动安排：

时间	劳动内容	劳动类型	劳动形式						涉及领域
			集体教学	区域活动	日常活动	家园共育	户外活动	社区活动	
二、三月	我会系鞋带	日常生活劳动	√	√	√	√			劳动 社会
	亲子义务植树	生产劳动				√		√	劳动 社会
	种玉米	生产劳动	√		√	√			劳动 科学
四月	我是小小宣传员	服务性劳动						√	劳动 实践
	我会施肥	生产劳动			√				劳动 实践
	我会削铅笔	服务性劳动	√	√	√	√			劳动 社会

续 表

时间	劳动内容	劳动类型	劳动形式						涉及领域
			集体教学	区域活动	日常活动	家园共育	户外活动	社区活动	
五月	我会拔草	生产劳动			√	√			劳动 实践
	学搭架子	日常生活劳动			√	√			劳动 社会
	装饰草帽	手工劳动	√	√					劳动 艺术
六月	我会整理书包	生产劳动	√	√	√	√			劳动 艺术
	收南瓜	生产劳动			√				劳动 实践
	掰玉米	生产劳动			√				劳动 实践

幼儿园劳动清单实施成效及思考

吴小梅

在三年多的劳动教育实践中，幼儿、幼儿教师、幼儿家长在劳动观、劳动知识、劳动态度、劳动习惯、劳动能力等方面均获得显性成长。我们的教育成果被各级教育主管部门关注推广，多项课题研究立项，多篇论文发表并获奖。县域内幼儿园结合园情，开放性组织实施劳动活动。这些也引发了我们更多的思考。

实施成效：

1.培养知劳动、会劳动、爱劳动的时代新人。

（1）促进儿童发展。

第一，乐于参加劳动。幼儿在劳动实践中极大提升了劳动兴趣。如：在与幼儿商定种植玉米这件事后，幼儿积极参与调查玉米播种时间、播种温度、播种方法、生长周期等；积极参与翻地、松土、拔草、浇水、施肥等；每天入园第一件事就是到地里去看，期待玉米发芽、期待玉米快快长大、期待收获……在整个种植、养护过程中，幼儿会为有的种子不发芽而失落、风雨后倒苗而心疼、秸秆高矮不一而焦虑，最后发现玉米结苞时无比兴奋，收获时极度自豪。

第二，珍惜劳动成果。幼儿对自己的劳动成果无比珍惜。他们满心欢喜地收获、小心翼翼地运输、认认真真地清洗、开心地烹饪、自豪地分享。虽然有的幼儿不爱吃大蒜，但对自己亲手种植、亲自收获的大蒜，会带回家按自己喜欢的方式做成蒜花面、大蒜炒鸡蛋、腊肉炒大蒜……

第三，增强劳动自豪感。在校园志愿者、班级值日生活动中，幼儿体验多种社会角色，了解多种职业特点，非常自豪能以不同角色为班级、幼儿园、社区服务。当幼儿在自己分类收纳好物品、自己会穿脱衣、帮同伴晒鞋子、帮班级晒图书及毛巾后，溢于言表的自尊自信感动了教师、感动了家长。

第四，综合性发展。在劳动实践中主要发展劳动核心素养，兼顾其他素养的提升。如：幼儿在劳动实践中引发的类似蚯蚓会不会吃掉种子、种子为什么不发芽的思考多了，解决类似怎样测量植物生长高度等问题的能力增强了。

（2）促进教师专业化成长。

第一，丰富劳动知识。现任幼儿园教师，有的没有生产劳动经验，"错把小麦当韭菜"的事并不罕见。实施劳动教育，教师在和孩子一起劳动过程中，学习到植物种子为什么用药水浸泡，了解植物种植时节、生长周期，蚕宝宝要吃什么样的桑叶，怎么处理蚕的便便，如何保存蚕卵来年再孵新蚕等生产劳动知识。这些为科学实施劳动教育做好知识储备。

第二，转变劳动教育观念。幼儿全身心投入劳动，表现出极大的热情，如在翻地中发现蚯蚓有可能引发对蚯蚓吃种子的担忧，一部分种子没发芽引发种子为什么不发芽的思考，探究搭什么样的架子让黄瓜、豆角顺利牵藤，采摘带刺的黄瓜遇到困难会想尽办法不放弃……这些在劳动中乐学好问、奇思妙想等创造性思维和创造性行动的表现，极大程度感染着青年幼师，极大调动了青年幼师工作热情，使其认识到劳动教育的价值和意义，转变了劳动教育观念。

第三，提升劳动教育能力。教师通过劳动相关知识的学习、劳动清单的梳理、劳动内容的选定、劳动形式的商议、劳动项目的实施及反思，逐步建立起劳动教育课程体系，力争做到内容之间、目标之间横向融通，纵向有序。如幼儿"整理"这一自理性劳动，小班要求能将玩具和图书放回原处，中班要求能整理自己的物品，大班要求能按类别整理自己的物品。教师在实施"整理"教育时，首先要自觉学习幼儿从小班到大班整理物品的能力发展的相关理论知识，认识到幼儿能力发展之路；其次是观察幼儿劳动行为之路并进行观察记录；最后对幼儿劳动行为进行分析，调整劳动清单和实施路径，提高自身的劳动教育设计、实施、指导、评价能力。

（3）获得家长积极支持参与。

第一，转变观念。通过对劳动教育的宣传，家长认识到幼儿自理性劳动意义，认识到包办代替不是爱，而是剥夺幼儿自主学习的机会，容易使幼儿养成过于依赖的习惯，影响其独立性、主动性的发展；家长在接受幼儿揉肩捶背之类服务性劳动中增进亲子交流和亲子情感；通过幼儿参加生产劳动时体质、行为、能力、情感的变化认识到生产劳动的价值和意义。

第二，积极参与。幼儿劳动素养的培养，单靠幼儿园单方努力是不能实现的。家长在认识到劳动教育的价值后，就劳动项目、劳动清单、劳动评价等方面与幼儿园积极沟通，形成了良好的家园共育劳动氛围。在家庭环境中，家长有意识地鼓励幼儿参与吃饭、穿衣、收纳、整理、扫地、摘菜等自理性劳动和家务劳动，并和幼儿一起从事一些力所能及的生产劳动。

2.实现课程资源的统筹与共享。

本项目由县教研员牵头，聚集全县骨干教师，在充分学习的基础上确定了劳动清单、实践反思再实践，在专家指导下形成了本土化、体系化幼儿园劳动教育课程资源，具有一定的引领性，能够指导全县幼儿园开展劳动教育。同时也避免各幼儿园重复研究，节约一定的人力财力。

3.在幼儿园落地生根，开花结果。

在《清单》引领下，县域内各幼儿园充分结合园情，充分利用本土教育资源，着手进行劳动教育的园本化实施。园本化实施成效比较明显的有：雨坛中心幼儿园"乡野特色劳动教育的探索与实践"，汤沟中心幼儿园"深耕传统文化 传承劳动之美"，钱桥中心幼儿园"劳育共融 让劳动教育在幼儿园落地生根"，会宫中心幼儿园"家园携手 共育花开"，横埠中心幼儿园"劳动励心智 实践促成长"，白梅中心幼儿园"茶文化与劳动课程融合"……幼儿教师充分结合本土文化进行教学设计。如：吴老师和钱老师设计了《蚕宝宝养成记》，落实了"五育"并举的教育理念。

4.相关经验被广泛推广。

（1）成果被省市县教育主管部门关注。

枞阳县幼儿自理性劳动实践案例和生产劳动实践案例在2022年、2023年全国学前教育宣传月活动中，受到各级教育主管部门关注，在枞阳县、铜陵市、安徽省教育主管部门官方网站上公开展播。

（2）成果经验在多层面推广。

《清单》提炼的体系化幼儿园劳动教育课程资源，在全省属领先行动。目前已在铜陵市、枞阳县以及安庆市进行的培训活动、教研活动中多次分享交流，受到一致好评。

（3）论文、案例发表与获奖。

《清单》在幼儿园推广应用过程中，高度重视资料收集和经验总结，相关论文、案例在相关评比中获奖或发表。如《浅析劳动评价对幼儿发展的影响》《玉米种植记》已公开发表，《幼儿园劳动教育的实践与思考》《菌菇种植记》《当电工来到幼儿园以后——解锁电力维修工具的奥秘》等已获奖。

5.多项课题成功立项。

《清单》拟订过程中生成的专题研究《基于城乡一体化视角的幼儿园劳动课程教育课程资源建设的实践研究》《基于"互联网+"开展家园合作幼儿劳动教育主题活动研究》《在自然活动中培养幼儿的科学素养的实践研究》《幼儿园中大班生产劳动实施路径的行动研究》分别在省市成功立项。

思考：

1.努力实现劳动与五大领域深度融合。

对比《3～6岁儿童学习与发展指南》（简称《指南》）与《幼儿园督导评估办法》（简称《办法》），《指南》以促进幼儿德、智、体、美、劳各方面的协调发展为核心，《办法》强调"五育"并举，为培养德智体美劳全面发展的社会主义建设者和接班人奠定基础。我们强调在具体劳动实践中落实五大领域的发展，注重知行合一，学思结合。

2.以自理性劳动为主。

根据《中共中央 国务院关于全面加强新时代大中小学劳动

教育的意见》确定的劳动教育内容，结合《指南》可知，幼儿园劳动要遵循幼儿年龄特点和身心发展规律。教育重点应落在自理性劳动上，鼓励幼儿为家人、为班级、为幼儿园做力所能及的事，支持幼儿参与力所能及的生产劳动。让幼儿养成自己穿衣、吃饭、如厕、盥洗、收纳、整理等自理性劳动习惯，培养幼儿自理性劳动能力，避免片面"跟风"的生产劳动。

3.高度重视幼儿劳动实践。

幼儿只有在动手实践、出力出汗过程中感受到劳动的艰辛，才能萌发对劳动者的尊重，体会到收获的不易和自豪，更加珍惜劳动成果，以为家人、班级、幼儿园做力所能及的事为荣，增强自尊心、自信心。同时，幼儿也在劳动体验中学习了种植、科学、社会、艺术领域相关知识，增强了合作、协商解决问题的能力，培养了积极主动、认真专注、不怕困难、敢于探究和尝试的学习培养。

避免把幼儿园劳动教育搞成"花架子"，即把劳动实践搞成"劳动表演"，如一季农作物成熟，孩子却没拔过草、施过肥、浇过水，没出过一滴汗，没体验过一次劳累，这样种植活动就成了观察活动等。

4.家园同频共育。

幼儿劳动教育需要家园同频共育，为此幼儿园要主动向家庭宣传解读劳动教育的价值和意义，解读孩子的劳动行为，让家长真切感受到孩子在劳动过程中的成长和变化，确保家园协作，确保幼儿劳动教育成效。

幼儿劳动教育需要家园同频共育，幼儿园还要避免家长因不理解劳动教育的价值和意义而不支持幼儿劳动实践等。对于劳动，幼儿经常表现出"两面性"，如在幼儿园积极表现自己的事情自己做，积极主动为其他幼儿分发碗筷、晒鞋与为班级晒图书等，回到家后吃饭长辈不喂不吃，起床坐等父母穿衣穿鞋……劳动教育成效不明显。

5.紧抓教师专业素养提升。

在制定《清单》过程中我们发现，影响教育成效的"短板"与教师有一定关联，这主要表现在教师劳动观念、劳动知识、劳动教育能力等方面的欠缺。我们通过鼓励教师自学、专题培训、案例分享、主题研讨、集体教学观摩等策略，提升教师专业素养，不断优化劳动教育课程资源。

6.下一步工作。

①探索有效的实施路径。

幼儿园劳动教育一直在做，但实施路径或多或少有偏离，这会导致幼儿园劳动项目选择很随意，"跟风"现象很普遍；劳动基地建设阶段性和进阶性不明确；劳动实践过程观察指导不具体；劳动评价成效不明显……幼儿园、幼儿教师迫切需要科学的实施路径指导，实现劳动育人、"五育"并举的教育目标。

我们尝试将实施路径具体为："劳动内容的确定、劳动基地的建设、劳动实践的指导、劳动素养的评价"四个方面。实践过程突出"一段一侧重，三段一提炼"。其中，"一段一侧重"是指小班侧重日常生活劳动、中班侧重服务性劳动、大班侧重生产劳动实施路径实践探索，"三段一提炼"是指小、中、大三个年龄班纵横联系提炼出实施经验并进行共享。具体表现在以下几个方面：

一是小班日常生活劳动实施路径的实践探索。

小班日常生活劳动项目：我会喝水、我会擦嘴、我会拿取点心、我会用小勺、我会摆放鞋子、我会脱裤子、我会搬放椅子、我会收拾玩具、我会帮老师挂毛巾、我会穿裤子、我会卷袖口、我会洗手、我会穿袜子、我会穿脱套头衫。

二是小班日常生活劳动意愿的实践探索。

主要通过向同伴学习和成人鼓励、肯定、指导、帮助的策略，让幼儿觉得自我服务是一件很自豪的事情，愿意尝试进行自我服务，并在实践过程中养成自我服务的习惯，提高自我服务的能力，增强自信心。

三是小班日常生活劳动工具提供的实践探索。

主要对应劳动项目，向幼儿提供如符合国家标准钢号、适宜型号的幼儿专用水杯、水杯柜，便于幼儿自主取水的保温桶，不锈钢小勺子、碗或餐盘，带编号、适宜大小、高度的玩具篮、玩具柜，适宜高度的水龙头、便于幼儿取放的毛巾架……

四是小班创造劳动机会的实践探索。

幼儿日常生活劳动的实践主要在幼儿一日生活中落实。如餐后鼓励幼儿擦嘴，户外活动前后、午睡前后穿脱衣服、摆鞋子，餐前便后洗手、室内外游戏后收拾玩具等。在实践探索过程中，要高度重视幼儿园与家庭密切配合，保障幼儿参与劳动的机会和时间，保证家园对幼儿日常生活劳动要求保持一致。

五是小班日常生活劳动分层指导的实践探索。

实践探索具体表现在：在集体教学和具体生活情境中学习劳动方法；在具体情景中张贴步骤图，熟悉劳动步骤；在一日生活、室内外游戏中提升劳动技能，养成劳动习惯。

六是小班日常生活劳动评价的实践探索。

以成人口头评价劳动态度、劳动过程为主。

七是中班服务性劳动实施路径的实践探索。

中班服务性劳动项目：送给爷爷奶奶的礼物、我为妈妈洗洗脚。

八是中班服务性劳动意识培养的实践探索。

通过与父母谈话、看视频、回忆父母一天所做的事、我来当爸妈等活动，感知成人的辛苦和不容易，自觉萌发为成人服务的意识；通过多项活动让幼儿感知我是班集体的一分子，知道班级每天有哪些具体服务内容，认识到服务集体是每个人的责任，并为能服务集体感到自豪。

九是中班对应服务性劳动项目工具提供的实践探索。

对应劳动项目工具如：捶背锤子，适宜型号的扫帚、簸箕、垃圾桶、垃圾袋，抹布、安全餐具、铲子、水壶、手工材料等。

十是中班创造服务性劳动机会的实践探索。

主要将服务性劳动与中国传统节日结合起来，在一日生活中创造劳动机会。如：鼓励幼儿在重阳节给爷爷奶奶捶捶背、揉揉肩，制作重阳节小礼物。"三八"国际劳动妇女节给妈妈洗洗脚、制作小礼物等。在家庭餐前摆放餐具、餐后收拾餐具，跟成人一起摘菜并收拾垃圾，为下班回家的父母拿拖鞋，晚饭后给长辈按摩等。在幼儿园晨间活动中为班级自然角植物除草、施肥、浇水、松土、晒太阳，为班级养的动物换水、喂食、清洗，餐前分发餐具、擦桌子，餐后收拾桌面、扫地等。

十一是中班服务性劳动分层指导的实践探索。

根据每个家庭的实际情况、班集体具体任务清单，结合幼儿实际劳动能力，分层提出服务任务和服务要求。

十二是中班服务性劳动评价的实践探索。

在小班的基础上增加劳动认知、劳动习惯、劳动成果等评价内容，除成人评价外，鼓励幼儿进行互评。

十三是大班生产劳动实施路径的实践探索。

大班劳动项目：木工、电工、编织、种植养殖等生产劳动、科技类劳动。

十四是对大班劳动教育实践基地建设的实践探索。

主要建设种植养殖基地，木工坊、传统手工技艺基地（如扎染间）、食育坊、科技创新劳动基地等。

十五是大班幼儿生产劳动工具的探索实践。

大班对应项目工具：木工坊用的锯子、钳子、墨盒、刨子等，种植用的中等型号的铁锹、五齿耙、锄头、铲子等，编织类用的多种型号颜色的线、绳、草等，养殖用的圈养笼舍、清洁工具、喂养工具等。

十六是对大班幼儿学习使用生产劳动工具的实践探索。

主要通过集体教学、劳动实践现场指导、劳动后经验回顾和其他途径学习使用劳动工具。

十七是对利用网络图帮助大班幼儿熟悉劳动流程的实践探索。

根据具体生产劳动项目，制定对应的劳动流程网络图，构建劳动实践的前期经验。

十八是对大班幼儿劳动实践过程的实践探索。

教师制定幼儿劳动情况观察分析评价表，通过表格对幼儿在生产劳动中劳动工具的使用、安全意识、材料投放的合理性、幼儿劳动观等方面进行客观分析，根据幼儿表现不断调整教育策略，梳理经验，最终总结出中大班生产劳动教育实施路径的经验。

②深度支持幼儿园园本化实施。

"园本化"主要在"引、帮、传"过程中落实。一是引导幼儿园在总育人目标下充分结合园情，利用本土资源精准定位，确定园本化、班本化劳动项目。二是从理论和实践层面帮助幼儿园梳理经验、理清思路、提炼建模，指导幼儿园教师科学组织实施。三是基于幼儿园劳动教育创新点及时进行区域内交流共享。

③主动迁移经验建设其他领域课程。

在三年多的劳动教育实践探索中，我们提炼了一定的教育内容选定、实施路径探索、教育反思的维度、教育评价的策略等经验。为提升幼儿园保教质量，拟对本经验进行迁移，实施其他领域课程改革，最终形成县域内体系化促进幼儿德智体美劳全面发展的五大领域课程资源。

教学设计

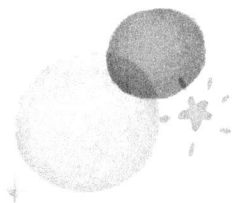

1

小班第一学期教学设计

本学期为新生入园适应期。幼儿入园前个人生活不能自理。本期教学设计基本以"我会……"为主题，鼓励幼儿尝试力所能及的事情，培养幼儿"自己的事情自己做"意识，让幼儿在积极主动的尝试中学习相关生活自理的方法。

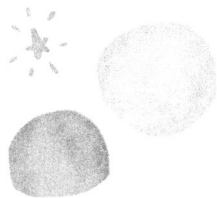

 # 我会喝水

吴小梅

设计意图：

小班幼儿刚上幼儿园，不会主动去喝水，且不习惯排队取水。接水时总是你争我抢，你推我挤，还有几个调皮的小家伙总要去"加塞"，一个顶一个地往前挤，往往把水溅到自己和同伴身上，为了让幼儿养成主动喝水的习惯，设计了本活动。

活动目标：

1.了解多喝水的重要性，养成主动喝水的习惯。

2.知道喝水的正确方法和步骤。

3.学习《好好喝水》手指游戏。

活动重难点：

重点：能主动去喝水，知道取、喝水的正确步骤和注意事项。

难点：养成主动喝水的习惯。

活动准备：

水杯柜、幼儿人手一只杯子、温热的饮用水。

活动过程：

1.提问导入活动。

（1）出示小朋友坐在马桶上哭的图片，引出问题。

师：他为什么哭啊？

小结：因为他不爱喝水，大便拉不下来，肚子很疼才哭的。所以我们每天要多喝水，水喝少的话不光拉不下来大便，肚子疼，嘴巴干，还对我们的身体很不好。

2.师幼探讨怎么喝水。

展示本班孩子平时接水不排队、玩水、水溅到别人身上等照片，幼儿讨论是否正确。

提问：在幼儿园，我们应该怎样喝水呢？

教师演示并总结：打开水杯柜——找自己的水杯（照片对应）——拿水杯——排队等候——水杯放在保温桶水龙头下面——拧水龙头——接半杯或半杯多一点的量——关水龙头——喝水——水杯送回柜子。

3.组织幼儿依次排队去喝水，教师观察并指导（见图1-1）。

图1-1　幼儿排队去喝水

指导要点：

（1）不能插队，不能推挤前面的小朋友，要等到前面的小朋友走了之后才能拿自己的水杯接水。

（2）杯子放在水龙头下面后才能开水龙头，接大半杯就要关水龙头，关好后杯子才能拿走。

（3）不够喝可以再取。

（4）接完水后走路要小心，不要撞到人。

（5）喝完再把杯子送回柜子。

4.教师总结。

（1）对幼儿在喝水中的表现给予具体评价。

（2）提醒幼儿口渴了就要接水喝，不能忍着不喝。

5.活动延伸。

一日生活中提醒幼儿多喝水，养成按需取水的习惯。

# 我会擦嘴

吴小梅

设计意图：

针对小班入园初期的幼儿，我们开展了一系列爱清洁的活动，如洗手、擦脸等。本活动主要是让幼儿学会使用手帕、毛巾等进行饭后擦嘴，从而养成良好的个人卫生习惯。

活动目标：

1.学习擦嘴巴的正确方法。

2.养成吃完食物后擦嘴巴的良好习惯。

3.体验自己动手的乐趣。

活动重难点：

重点：学习擦嘴巴的正确方法。

难点：养成吃完食物后擦嘴巴的习惯。

活动准备：

1.脸上有一些饭粒和汤渍的玩具娃娃一个。

2.脏毛巾一条，擦嘴巴步骤图。

3.干净的小毛巾每人一条。

活动过程:

1.出示玩具娃娃并进行表演,引出话题。

表演内容:丁丁正在哭,老师问他:"丁丁,你为什么哭呀?"丁丁说:"我吃完午饭后想和哥哥姐姐去散步。可是,哥哥姐姐不愿意带我去,说我不讲卫生,吃完饭不擦嘴巴,脏兮兮的。可是我不会擦。"(哭)

提问:你们愿意帮助丁丁吗?

2.教师和幼儿共同讨论擦嘴巴的方法。

师:要想帮助丁丁,首先要学会擦嘴方法。怎样才能把嘴巴擦干净呢?

幼儿表述并模拟。

小结:小毛巾手中拿,我把嘴巴擦一擦,上面擦一擦,下面擦一擦,小嘴角,别忘了,毛巾换面仔细擦。(同时出示步骤图)

3.引导幼儿选择干净毛巾。

丁丁:"谢谢你们!我会擦了。"丁丁随手拿了一条毛巾就开始擦嘴(出示丁丁嘴巴更脏的情景图片)

师:为什么丁丁用毛巾擦嘴了,嘴巴更脏呢?

引导幼儿观察。

小结:原来丁丁是用脏毛巾擦嘴的。

4.幼儿练习擦嘴巴,教师观察指导。

师:赶快找一块干净毛巾试一试吧。

指导要点:

(1)将毛巾放在嘴上,小手向中间撮毛巾。

(2)将毛巾换边擦。

（3）把脏毛巾放在固定位置。

（4）请幼儿擦完嘴巴照镜子，为自己会擦嘴巴且把嘴巴擦得干干净净而自豪。

小结：丁丁在小班幼儿帮助下，也学会了擦嘴巴：将毛巾放在嘴上，小手向中间一撮，瞧，丁丁嘴巴擦得多干净，你们愿意带他去散步吗？

5.活动延伸。

（1）每天餐后提醒幼儿擦嘴巴，督促幼儿养成良好习惯。

（2）家园共育：提醒家长在家时要坚持让幼儿吃完食物后自己擦嘴。

我会拿取点心

吴小梅

设计意图：

小班幼儿入园前几天都由教师分发点心，之后教师尝试让幼儿排队自己拿取点心。他们有的站在桌子前不敢动手，有的在里面挑拣，有的干脆坐在座位上不动。因此设计本次活动，让幼儿学会如何正确拿取点心，养成自己拿取点心的好习惯。

活动目标：

1.学习拿取点心的正确方法。

2.知道拿取点心要排队，养成自己动手的好习惯。

活动重难点：

重点：愿意自己拿取点心，学习拿取点心的正确方法。

难点：按照要求拿取点心。

活动准备：

幼儿午后点心、桌子一张、提前拍摄的幼儿错误拿取午后点心的照片。

活动场景：

幼儿吃午点时间段。

活动过程：

1.谈话导入。

师：同学们，准备吃午点了。

出示照片，判断对错。

师：这是小朋友们之前拿取点心的照片（几种典型不对的照片），我们一起来看一看，他们做得对不对，为什么。

2.师幼探讨拿取点心的步骤和注意事项。

提问：应该怎样拿取点心呢？

请个别幼儿示范拿取午点并引导幼儿讨论。

小结：

（1）拿取午点前要洗手。

（2）依次排队，吃多少拿多少，不要在里面挑拣。

（3）回座位吃完，不能浪费。

（4）擦嘴，处理垃圾。

3.幼儿拿取点心，教师观察指导。

师：我们已经学会正确拿取点心的方法了，现在请小朋友们排队去拿点心吧！

指导要点：排队拿取，吃多少拿多少，吃点心时不要说话，吃完后将垃圾处理干净、漱口擦嘴。

4.评价。

针对当天拿点心的行为进行具体评价（例如：表扬取点心之前洗手的小朋友、表扬没有挑拣的小朋友）。

5.活动延伸。

每天提醒幼儿按要求拿取点心，直至养成良好习惯。

 # 我会用小勺

吴小梅

设计意图：

小班很多幼儿不会用勺子，午餐时经常把饭菜撒在桌子上。通过了解，很多幼儿在家都是家长喂饭。设计本活动，就是让幼儿学习正确使用勺子，愿意自己用勺子吃饭，养成自己吃饭的良好习惯。

活动目标：

1.愿意自己用勺子吃饭。

2.学习正确使用勺子的方法。

3.养成自己吃饭的良好习惯。

活动准备：

勺子人手一把、饭碗人手一个、饭粒和小动物模型若干。

活动过程：

1.情境导入，引出话题。

（出示小动物模型）小动物正在哭，你们为什么哭呀？

小动物：我们肚子饿了，可是我们不会用勺子（哭）。你们愿意帮助我们吗？

提问：小朋友们，你们在家自己吃饭吗？

小结：小朋友真能干，都能够自己吃饭。

2.师幼探讨，学习正确使用勺子的方法。

提问：你是怎么吃饭的？

请个别小朋友演示并讨论。

教师示范并小结拿勺子的方法：将勺子柄放在食指和拇指之间，用中指抵住勺子，用勺子前端舀饭。

3.喂动物宝宝吃饭。

小朋友们，你愿意给小动物喂饭吗？

游戏：喂动物宝宝吃饭。

幼儿用勺子将碗里的饭粒送到动物宝宝的嘴巴里。

教师观察指导。

指导要点：

（1）掌心向上握住勺子。

（2）用勺尖舀饭。

（3）用勺子舀饭不要太满，避免食物掉下。

4.活动延伸。

（1）幼儿园午餐时鼓励幼儿自己动手吃饭，注意拿勺子的正确方法。

（2）跟家长做好沟通，鼓励幼儿在家自己动手吃饭。

（3）在班级"娃娃家"投放材料，供幼儿练习使用勺子。

我会摆放鞋子

吴小梅

设计意图：

小班幼儿刚入园，午睡之前能自己脱鞋，但是大部分鞋子随意摆放，导致经过的幼儿时常被鞋子绊倒，而且起床时找不到自己的鞋子，出现穿错鞋子的现象。设计本活动，让幼儿学习正确摆放鞋子，养成睡前摆好鞋子的好习惯。

活动目标：

1. 愿意睡前摆好自己的鞋子。

2. 学习整齐摆放鞋子的方法。

3. 为自己会整齐摆鞋子感到自豪。

活动场景：

幼儿午睡前。

活动过程：

1. 谈话导入。

教师出示之前幼儿鞋子乱放的照片，提问：鞋子这样放对吗？为什么？

小结：幼儿睡觉前一定要把脱下来的鞋子摆整齐，不然会把别人绊倒,也可能把自己绊倒,起床时容易找不到鞋子。

2.学习摆放鞋子的正确方法。

(1)提问:你会把鞋子摆整齐吗?

(2)请个别幼儿演示摆放鞋子,师幼观察并讨论是否正确。

(3)教师示范并讲解正确摆放鞋子的方法:头对头,跟对跟,月牙对月牙,鞋子点点头,紧紧靠一起,并排一样齐,放在床头边。

3.幼儿操作,教师观察指导。

指导要点:

(1)鞋子要头对头,跟对跟,月牙对月牙,紧紧靠在一起。

(2)鞋子要摆放在自己的床头边。

(3)鞋子头朝外,跟靠紧床。

4.活动延伸。

(1)肯定小朋友主动摆鞋子的行为,增强幼儿自信心。

(2)每天午睡、区角游戏需要脱鞋的时候,坚持让幼儿摆好鞋子,养成良好习惯。

(3)提醒家长在家也要求幼儿自己摆放鞋子,鼓励幼儿帮助家人摆放鞋子。

 # 我会脱裤子

吴小梅　阮媛

设计意图：

小班幼儿刚入园，午睡脱裤子都很困难，通过本活动，帮助幼儿学穿、脱裤子的方法。

活动目标：

1.学习脱裤子的方法。

2.鼓励幼儿尝试自己脱裤子，体验成功的快乐，树立自信心。

活动准备：

指导脱裤子的一些图片、教学视频、娃娃。

活动过程：

1.出示幼儿表演图片引出课题，并设计表演内容。

红红："妈妈、妈妈你在哪？我想睡个午觉，我还没脱裤子呢！"

2.结合表演引导幼儿讨论：你睡觉要妈妈帮助脱裤子吗？你会脱裤子吗？

3.学习脱裤子。提问：应该怎么脱裤子？

幼儿自由表达。

请一部分幼儿演示怎么脱外裤子，其他幼儿观察。

讨论：你觉得他们的方法怎么样？

观看视频，看看视频里的小朋友怎么脱的。

总结方法：脱裤子要用双手拉住裤腰两侧，顺着把裤子拉到臀部下面，小手拽紧裤脚边，把两腿从裤腿脱下来。

4.让幼儿练习脱外裤子。

教师指导：手插进裤腰，要拽到膝盖下。坐下来先脱一只裤脚，再脱另一只裤脚。

5.评价总结。

对幼儿穿、脱裤子好的表现进行表扬。

再次总结脱裤子要领。

6.活动延伸。

（1）在午睡室张贴脱裤子步骤图。

（2）每天午睡时鼓励幼儿自己脱裤子、穿裤子。

（3）家长鼓励指导幼儿在家自己穿、脱裤子，养成良好的生活习惯。

我会搬放椅子

吴小梅

设计意图:

小班幼儿经常乱放小椅子,搬椅子的方法也不对。针对这种情况,设计了本次活动,让幼儿在游戏中学习搬放椅子的本领。

活动目标:

1.学会搬放小椅子的方法。

2.养成自己搬放小椅子的好习惯。

活动准备:

1.小兔子头饰若干,大灰狼头饰一个。

2.场景布置:散放在教室里的小椅子。

活动过程:

1.情境导入,激发幼儿的兴趣。

师:今天兔妈妈家要开一场故事会,许多小动物要来听故事。现在家里小椅子摆得这么乱,想请你们帮忙把椅子摆好,你们愿意帮助兔妈妈吗?

2.学习搬椅子方法。

师:你们会搬椅子吗?

幼儿尝试。(有的拿椅背拖、有的拎等)

讨论:他们的办法对不对?你觉得应该怎么搬?

兔妈妈示范搬放椅子。

提问:刚才兔妈妈是怎么搬小椅子的?

小结搬放椅子的方法:小椅子,我会搬,双手抓住胸前放,一、二、三,朝前看,个个挨着轻轻放,整整齐齐真好看。

幼儿尝试操作搬放椅子。

师:兔妈妈搬椅子的方法,你们学会了吗?谁来试试?

三个幼儿拿椅子,教师和其他小朋友边念儿歌边观察他们的方法对不对(对搬的方法不对的幼儿结合儿歌纠正)。

3.学习运椅子方法。

兔妈妈:小班小朋友真棒,都学会了拿椅子的方法,现在请你们帮个忙,把我的小椅子搬到某某位置可以吗?

幼儿运送椅子。

指导要点:一只小手抓椅背,一只小手抓椅座,端起小椅放胸前。看前方,不碰人,不转圈,一、二、一,到线啦!

4.摆椅子方法。

兔妈妈:请你们把我的小椅子一个挨着一个摆成一条线,方便小动物找座位。

幼儿摆放好后,请其他小朋友观察。

小结:轻轻放,一个挨着一个摆,不要有空隙,摆成一条直线。

5.再次练习搬、运、摆椅子。

兔妈妈:小朋友们,我想重新做舞台,小椅子现在要摆到小舞台上,怎么摆?

幼儿再次搬、运、摆椅子。教师对方法不正确的幼儿给予纠正。

6.评价总结。

兔妈妈：今天小班小朋友帮我搬了好几次椅子，你们一个挨着一个轻轻地把小椅子摆得真整齐，真好看。谢谢你们。

7.送椅子回家。

师：小兔家的故事会结束了，现在请你们把这些小椅子送回家（离园时摆放的位置）。

8.活动延伸。

一日生活中指导幼儿正确搬放椅子，养成搬放椅子的良好习惯。

我会收拾玩具

吴小梅

设计意图：

区角游戏时，幼儿经常把玩具很随意地放回玩具篮中。本活动重点指导幼儿根据标记把玩具收拾回指定的玩具篮中。

活动目标：

1.初步学习按相同标记收拾玩具。

2.愿意帮班级收拾玩具，并为此感到自豪。

活动准备：

1.已初步学过"上、下、里"等方位词。

2.小熊的家（家中玩具摆放凌乱）、小熊一只。

活动过程：

1.设置合理情境，参观小熊的家，谈谈感受。

引导幼儿用方位词描述：××玩具掉在××地方，××和××混在一起，玩具掉在××上面（下面、里面）等语句。

小结：小熊的家乱七八糟的，小熊想玩的时候找不到想要的玩具。

2. 帮助小熊整理玩具。

（1）提问：你们愿意帮小熊家整理玩具吗？

（2）师：怎么收拾呢？这些玩具的家在哪里？怎么摆放的？（同类的玩具放一个篮子里，再放到有这类玩具标识的柜子里）

（3）引导幼儿把玩具送回家。

指导要点：引导幼儿看标识分类收拾玩具。

3. 教师总结。

每一类玩具都有自己的家，我们玩过玩具要把它送回家。

4. 请幼儿整理班级玩具（先放进同类标识篮，再将篮子送到同类标识玩具柜）。

5. 活动延伸。

（1）每天游戏后提醒幼儿分类收拾玩具。

（2）指导幼儿分类看标识摆放。

（3）指导家长在家时坚持让幼儿自己收拾玩具，养成玩后收拾玩具的好习惯。

我帮老师挂毛巾

吴小梅

设计意图：

小班幼儿每次擦完手，自己挂毛巾有点困难，需要老师的帮助。通过本活动，幼儿学习自己挂毛巾，养成擦手后挂毛巾的良好习惯。

活动目标：

1.学习挂毛巾的方法，提高生活自理能力。

2.养成良好的生活常规和自我服务的意识。

活动准备：

毛巾、毛巾架、教学PPT。

活动过程：

1.情境导入，激发幼儿积极参与活动。

师：小朋友们，你们用过的毛巾，阿姨已经洗好了，你们能自己把毛巾挂起来吗？

2.幼儿尝试挂毛巾。

3.比较幼儿挂出的毛巾（没完成的、挂不上搭着的、挂上没有理顺的、按要求挂好的）。

提问：谁的毛巾挂得好？为什么？（请挂得好的孩子进行分享）

4.教师总结挂毛巾的方法。

找到毛巾小耳朵，拎起小耳朵，再挂到毛巾架上面的钩子上，然后整理齐，够不到毛巾架时，可以踮一踮脚、伸伸胳膊。

5.再次尝试，教师指导。

指导要点：

（1）先找到毛巾小耳朵。

（2）挂到照片对应的钩子上。

（3）挂好后整理齐。

鼓励会挂毛巾的幼儿帮助能力弱的幼儿。

6.活动延伸。

（1）每天清洗好的毛巾，鼓励幼儿帮忙挂起。

（2）鼓励幼儿尝试更多的自理性服务。

2

小班第二学期教学设计

本期教学设计主要延续小班第一学期"我会……"主题，增加自我服务劳动项目，帮助幼儿学习并逐步掌握生活自理的方法，初步养成"自己的事情自己做"的劳动习惯。引导幼儿初步尝试为班集体服务，并从亲子手工入手接触生产劳动，体验自我服务、服务他人的乐趣。

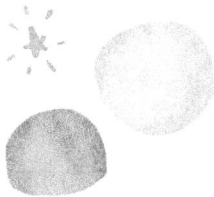

我会穿裤子

吴小梅

设计意图：

班级里，有的幼儿不会自己穿裤子，有的幼儿经常把裤子穿反。设计本次活动，重点培养幼儿学会自己穿脱衣裤。

活动目标：

1.能分辨裤子前后片，学习自己穿裤子。

2.体会到自己穿裤子的乐趣，增强自信心。

活动准备：

1.幼儿当天所穿的外裤。

2.活动区放置各款裤子，供幼儿练习。

3."提裤子"步骤图。

活动过程：

1.谈话引导幼儿描述自己的裤子，有意识地提醒幼儿说自己裤子的前片有什么，帮助幼儿辨别前片。

幼儿在谈话中获得更多分辨裤子前片的方法，如我的裤子前片有贴花、口袋、拉链、扣子等。

小结：贴花、拉链、扣子是裤子的前片。

2.幼儿尝试穿裤子。

师：你们会穿裤子吗？

请1~2名幼儿试穿裤子。

请幼儿讨论他们穿得对不对。

总结穿裤子要点：

（1）找到裤子的前片。

（2）裤子的前片向上（或向前方）。

（3）双手抓住裤腰。

（4）先将一条腿伸进裤腿，再将另一条腿伸进裤腿，脚钻出来。

（5）站起将裤子提到腰部。

（6）整理（如有衬裤，应塞入袜筒，以免向上卷缩）。

3.幼儿练习穿裤子（见图2-1）。

幼儿边念顺口溜边练习穿裤子：拉着裤腰儿，穿进裤腿儿，伸出腿丫儿，自己穿裤儿，真是乖孩儿。

指导要点：把前片放在上面，不要插错裤腿，裤腰拉到盖住肚脐眼为止。

图2-1 儿歌

4.活动延伸。

（1）幼儿在生活区为娃娃穿各种裤子，或在家里自己尝试穿不同款式的裤子。

（2）午睡起床时教师鼓励并指导幼儿自己穿裤子。

我会卷袖口

吴小梅　朱润梅

设计意图：

小班幼儿在洗手的时候经常会把袖口弄湿。通过本活动学习卷袖口的方法，提高幼儿的自理能力。

活动目标：

1.知道洗手前要把袖口卷起来。

2.学习卷袖口的基本方法。

3.通过劳动体验自我服务、帮助他人的乐趣。

活动准备：

袖口被弄湿的图片。

活动过程：

1.谈话导入课题。

（1）师：刚才洗手的时候，有小朋友不小心把自己的袖口洗湿了，真不舒服。怎样才不会洗湿袖口呢？

幼儿自由讨论。

小结：洗手时，把袖口卷起来，或者把袖子拉上去，就不会洗湿衣服啦。

（2）幼儿尝试将衣袖往上拉，在教师帮助下卷袖口。

提问：拉上来的袖子和卷起来的袖子有什么不同？

小结：拉上来的袖子容易滑下来，卷起来的袖子不容易滑下来。

2.幼儿学习卷袖口的基本方法。

（1）幼儿初步尝试卷自己的袖口。

（2）教师借助儿歌帮助幼儿学习卷袖子的方法。

教师边念儿歌边示范：小袖子呀爬高山，捏住袖口翻一翻，翻好上面翻下面，一层一层向上翻。

小结：第一步，小手捏住袖口，从边缘向上翻卷，第二步，一层一层向上卷，卷到胳膊肘附近。

（3）幼儿练习卷袖口，教师指导。

同伴互助：我给同伴卷袖口，巩固练习卷袖口的方法。

提问：帮朋友卷袖口和给自己卷袖口的方法是一样的吗？怎么卷呢？

自己尝试给自己卷袖口。

幼儿边念儿歌边练习卷袖口。

指导动作：小手捏住小袖口，大拇指压在袖口上，四指伸进袖子里，一起勾着袖口向上翻卷，一直卷到胳膊肘附近。

3.总结评价，分享劳动的快乐。

4.活动延伸。

（1）每次洗手及时提醒幼儿卷袖子，直到学会卷袖子、养成洗手卷袖子的习惯。

（2）在"娃娃家"投放各种布娃娃，鼓励幼儿帮助布娃娃卷袖子。

（3）请家长提醒并指导幼儿在家洗手时要卷袖子。

我会洗手

吴小梅

设计意图：

幼儿洗手时喜欢玩水，总是马马虎虎地洗。设计本活动，让幼儿通过实际操作学习七步洗手法，养成良好的卫生习惯。

活动目标：

1.通过听故事，了解洗手的重要性。

2.学习洗手的正确方法，养成讲卫生的好习惯。

活动准备：

1.故事《巧虎生病了》。

2.巧虎的头饰。

3.七步洗手法图片。

活动过程：

1.创设情景，激发幼儿兴趣。

出示图片：你们看这是谁呀？（巧虎）巧虎在干吗？（做运动）

师：运动能增强体质，可是巧虎坚持锻炼身体，还是生病了，这是为什么呢？我们来听听故事《巧虎生病了》。

2.听故事《巧虎生病了》。

师：巧虎为什么会生病呢？

小结：因为巧虎手上有细菌，吃东西不洗手，把细菌吃到肚子里了，所以肚子疼。

引导幼儿联系自己生活实际，说说自己平时洗不洗手，又是怎么洗手的，进一步体验洗手的重要性。

3.学习洗手方法。

（1）引导幼儿观察教师准备的洗手图片，看看图片上的宝宝是怎么洗手的？

（2）教师带领幼儿到盥洗室，请一名幼儿按照刚才的方法试一试，请其他幼儿来做小裁判，看他做得对不对。

（3）小结：洗手七步法。

（4）幼儿分成五个小组，每个小组两个人，练习七步洗手法。在洗手的过程中教师要引导幼儿看步骤图，纠正不正确的洗手方法。

4.小结：我们在饭前、便后、手脏时都要洗手，洗手时要按照步骤图上的方法。

5.活动延伸。

（1）请幼儿观察同伴和家人的洗手方法，提醒同伴和家人用正确的方法洗手。

（2）提醒幼儿饭前便后用正确的方法洗手。

亲子手工：创意花盆

吴小梅

设计意图：

为落实绿色环保理念，激发幼儿热爱大自然的情感，增进亲子间的互动，同时体验手工劳动和种植的乐趣，开展"创意花盆"亲子创意手工活动。

活动目标：

1.尝试利用废旧物品制作花盆，激发幼儿的环保意识和劳动兴趣。

2.通过制作花盆，锻炼幼儿的动手能力。

3.在亲子制作和种植的过程中体验劳动的乐趣。

活动准备：

各种废旧瓶子。

活动过程：

1.家长可以利用废旧容器与幼儿一起制作花盆，设计喜欢的造型，鼓励幼儿种植自己喜欢的植物。

（1）选择确定花盆造型。幼儿浏览各类花盆图片，和家长商量确定制作花盆的具体材料和造型。如利用废旧易拉罐、洗衣液瓶、矿泉水瓶等制作花盆。

（2）雕刻花盆。因花盆材料本身材质硬，幼儿直接动手剪、刻有困难，可由家长帮助幼儿剪、刻。

（3）装饰花盆。

①涂鸦装饰：可用颜料、画笔对花盆进行涂鸦装饰。

②拼贴装饰：利用废旧纸张、纽扣、珠子、水钻和破碎的蛋壳等材料，用胶水粘贴于花盆外表，拼贴出富有新意的图案。

③编织装饰：选用麻绳或彩带等材料在花盆身体上编织图案。

2.植物种植，初步了解种植知识，参与种植养护。

（1）花盆准备：在花盆底钻孔、打洞、垫瓦片，防止漏土，利于渗水、透气。

（2）土壤准备：挑选疏松肥沃的土，土不要装得太满，离盆口大约1厘米。

（3）作穴：在下种前可以用小钉耙或者自己的小手指在土中挖一个小穴。

（4）下种或扦插：在做好的小穴里放进2~3粒种子。一般来说，同一个花盆里一般只种一种花。

（5）盖土：幼儿抓握一把薄土盖在种子上面，注意不要太厚。

3.活动延伸。

将花盆里种好的植物做好标记，并张贴上亲子种植的照片，带到班级植物角每天进行观察照顾。

我会穿袜子

吴小梅　刘燕红

设计意图：

小班幼儿午睡起床时，经常把袜子穿反，甚至有的幼儿因为不会穿袜子，就把袜子藏在口袋里。为帮助幼儿学习穿袜子，教师设计了本活动。

活动目标：

1.能分清袜子的正反面、袜底、袜背。

2.逐步掌握穿袜子的基本方法。

3.体验自己动手尝试成功的喜悦。

活动准备：

袜子若干、垫子人手一块。

活动过程：

1.导入活动。

教师：今天老师请来了脚宝宝的好朋友，猜猜是谁？

出示一双袜子，引导幼儿了解袜子的特征。

教师：原来脚宝宝的好朋友是袜子。谁来说说看，你的袜子宝宝是什么样的？

引导幼儿说说自己袜子的特征，并区分正反、袜口、袜跟、袜头。

教师小结：袜子的正面比较光滑，没有线头、毛边。反面花纹凹凸有线头，而且有缝合痕迹。袜子底凸起的部位是脚跟，而袜子背则没有，两只一样的袜子组成一双，它俩就像两个好朋友，缺一不可（见图2-2）。

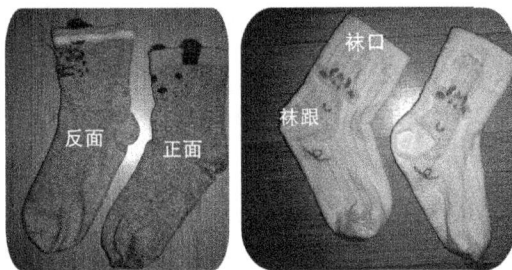

图2-2　袜子

2.学习穿袜子。

请幼儿说说应该怎么穿袜子，再请个别幼儿示范。

师：你们平时是怎么穿袜子的？谁愿意来示范一下？

教师边念儿歌边示范穿袜子的方法：袜跟朝下张开口，小脚轻轻往里游，袜头套住脚趾头，袜跟套住脚后跟，轻轻一拉穿好了。

个别幼儿示范，其他幼儿念儿歌并观察。

教师小结：穿袜子的时候，双手要把袜子的袜口撑开，脚趾从袜口钻进去，双手同时向上拉起，袜子后跟穿在脚的下面。

3.教师带领幼儿边说儿歌边穿袜子。

现在请小朋友和老师一起穿袜子吧！

指导要点：

（1）帮助幼儿辨别袜子正反面、找袜子面和底，袜跟对上脚跟。

（2）观察每个幼儿实际水平，给予幼儿有针对性的肯定和鼓励。

4.活动延伸。

（1）午睡起床时指导幼儿穿袜子（见图2-3）。教师引导幼儿之间相互检查，穿得不对给予纠正，穿得慢要及时鼓励。

图2-3 穿袜子

（2）引导家长采用逐渐减少帮忙的方法，让幼儿练习穿袜子，并且要及时给予表扬和鼓励。

（3）幼儿基本会穿袜子后，开展穿袜子比赛活动，看谁穿得又对又快。

我会穿脱套头衫

吴小梅

设计意图：

天气渐渐转暖，许多幼儿都穿上套头衫，穿脱也就成了一大问题，特别是午睡的时候。为帮助幼儿尽快学会穿脱套头衫，提高生活自理能力，设计了本活动。

活动目标：

1.学会穿脱套头衫。

2.体验成功穿脱套头衫的喜悦，增强自我服务能力。

活动准备：

每人一件套头衫。

活动过程：

1.出示一件套头衫和一件开衫，引起幼儿的兴趣。

教师：今天，老师带来了两件衣服，它们的样式有什么不同？

小结：一件有扣子，可以打开，这叫开衫；另一件它没有扣子，也没有拉链，下面有个大洞洞，上面有个小洞洞，直接套的衣服，它叫套头衫。

2.学穿套头衫。

（1）自由探索穿套头衫。

师：你们会穿套头衫吗？

①幼儿自主探索穿套头衫。

②个别幼儿展示穿套头衫。

③幼儿互相描述穿的过程。

④教师总结穿套头衫方法：头儿钻进大洞洞，头儿钻出小洞洞，手儿手儿钻隧道，哧溜哧溜拉下来。

（2）幼儿学穿套头衫。

教师边念儿歌边示范穿套头衫。

幼儿边念儿歌边穿套头衫。

教师重点指导：第一步：分辨套头衫的前后，前面的压下去，后面的在上面。第二步：看一看，比一比，大洞在下面，小洞在上面，整理准备好。第三步：提醒幼儿"手儿钻隧道"前要先捏紧里面衣服的袖口。

3.活动延伸。

（1）提醒家长指导幼儿穿套头衫。

（2）区角游戏：鼓励幼儿给小动物穿套头衫。

洗洗擦擦真快乐

吴小梅　吴丹丹

设计意图：

活动室是幼儿一日主要活动场所。活动室桌椅经常有幼儿在上面乱涂乱画。通过本活动让幼儿学习"洗洗擦擦"的方法，在洗洗擦擦过程中萌发讲卫生的意识，体会劳动的快乐。

活动目标：

1.学习正确洗擦方法。

2.在洗洗擦擦过程中，萌发讲卫生的意识，体验劳动的乐趣。

活动准备：

1.抹布、小盆、毛巾架、肥皂。

2.幼儿有用小抹布擦拭桌面和洗袜子的经验。

3.收集本班幼儿弄脏的活动室相关图片。

活动过程：

1.谈话导入：激发幼儿洗洗擦擦的愿望。

出示脏兮兮的桌子、椅子、柜子等图片，请幼儿谈谈自己的感受。

小结：脏了的桌子、椅子、柜子很不卫生，幼儿用了容易感染细菌生病。你们愿意帮忙把它们擦干净吗？

2.学习洗擦方法。

学习使用小毛巾（抹布）洗擦的方法：先打开水龙头，将小毛巾打湿后拧干，再折叠对齐后从一个方向往另一个方向擦。抹布一面擦脏后把脏面折进去后继续擦。

注意事项：小毛巾两面都擦脏了，就要去搓洗，洗干净再用。

3.幼儿动手实践。

提问：谁擦桌子？谁擦椅子？谁擦柜子？

师：根据桌子上的标志分成三组：（1）小鸟组：擦桌子；（2）小鱼组：擦柜子；（3）毛毛虫组：擦小椅子。

幼儿尝试分工擦洗。

师：孩子们，记住自己要做的事了吗？现在我们开始擦吧。

指导要点：

（1）高处够不着的地方想办法或者请老师帮忙。

（2）引导幼儿由上至下、由前至后按一定顺序擦拭：擦桌子先擦桌面，再擦桌边，最后擦桌腿。擦小椅子先擦椅背，再擦椅面，最后擦椅腿。

（3）及时肯定幼儿的劳动，并给予表扬。

（4）收拾整理，引导孩子将桌椅放回原位摆放整齐，把抹布清洗干净晾晒好。

4.比较擦洗前后的变化。

请幼儿观察教室并说出教室的变化，引导幼儿为自己的行为感到高兴。

　　小结：我们每天在活动室里面生活、游戏，要爱护我们的活动室，不能再用油画棒在桌椅上面乱涂乱画，不小心弄脏了要及时擦干净。

　　5.活动延伸。

　　（1）美术及其他桌面操作活动后，鼓励幼儿及时擦桌子，定期组织孩子擦椅子。

　　（2）可以和爸爸妈妈一起收拾家里的客厅，用同样的方法擦干净茶几、柜子等。

手工制作：美丽的手环

吴小梅

设计意图：

每年5月的第二个星期日是起源于美国的母亲节，为了让幼儿了解妈妈平时劳作的辛苦，增进热爱妈妈的情感，通过帮妈妈做事、送妈妈礼物来感恩妈妈，设计本活动。

活动目标：

1.学习用搓、压、卷等方法制作手环。

2.幼儿乐于参与活动并认真地完成任务。

3.将做好的手环送给妈妈，增进幼儿爱妈妈的情感。

活动准备：

各色黏土、用白色黏土包裹的环形纸板做成的圆圈。

活动过程：

1.谈话引起幼儿的兴趣，导入课题。

师：马上就要到母亲节了，你们想不想在这个节日送礼物给妈妈呢？送什么？老师也做了一件礼物送给妈妈，你们想不想看看？

2.出示成品手环，了解手环的制作方法。

师：你们看，老师做了一个漂亮的手环（见图2-4），你们也想做一个手环送给妈妈吗？想不想知道手环是如何制作的？

图2-4　手环

教师边制作边讲解制作方法。

（1）将黏土搓长条后压扁再卷起来制作各色花朵。

（2）将黏土搓成圆形或者水滴形状，压扁，再刻出树叶的经络制作绿叶。

（3）把做好的绿叶和花朵黏到圆环上。

3.幼儿制作手环，教师观察指导。

指导要点：

（1）搓长条时提醒幼儿不要搓得太粗。

（2）可以先把树叶放到手环上，再把花朵放到树叶上或者树叶旁边。

（3）放上去就不要拿下来了。

4.展示手环，说说对妈妈的爱。

展示欣赏幼儿作品。

师：请你用一句话表达对妈妈的爱。

5.活动延伸。

手环送给妈妈。

自己拿，自己放

吴小梅　汪润

设计意图：

小班幼儿生活自理依赖性强。为提高幼儿自己主动收纳物品的意识，愿意自己的事情自己做，设计了此活动。

活动目标：

1.提高自己的物品自己拿、自己放的意识。

2.初步养成收拾整理自己物品的习惯。

活动准备：

每位幼儿都有自己的小抽屉、小水杯等。

活动过程：

1.视频导入，邀请小朋友观看视频。（视频中某位小朋友自我介绍：我是某某某，我会自己拿……）

师：视频中的小朋友多能干啊。他会自己拿水杯、玩具、午点……那你们自己会干什么呢？（引导幼儿说出"我会拿……"）

小结：小朋友们可真棒啊，可以自己的东西自己拿。在幼儿园里，你们可以自己拿玩具、点心、牛奶、碗、勺子，还可以自己取水。

2.幼儿实践。

（1）自己拿。

出示玩具或其他物品，激发幼儿自己主动拿物品的兴趣。（老师可以设置具体情境，说："我是你们的玩具宝宝，想和你们一起玩，可以把我拿出来吗？"）

拿玩具时，要排队按顺序拿。

拿牛奶时，主动排队去固定位置拿，用吸管时将吸管外包装纸扔进垃圾桶内。

取水时，根据标识（图案或照片等）找到自己杯子，拿到杯子后排队取水。

拿碗或勺子前，要将小手洗干净，拿的时候不要挑拣。

（2）自己放。

出示玩具或其他物品，激发幼儿自己主动放物品的兴趣。（老师可以设置具体情境，说："我被某某小朋友从家里带出来了，现在找不到家，你们能送我回家吗？"）

师：每个物品都有自己的家，你们邀请它们一起玩后，记得把它们送回自己的家。

师：你们还记得玩具的家在哪吗？（引导幼儿说出玩具的家在玩具柜里，篮球的家在收纳箱里等）

放玩具时，分类放在不同的收纳篮里，送收纳篮至玩具柜时，要两只手端住篮子两侧，避免玩具散落。

送水杯时：根据水杯架上的标识（照片、图案等）快速找到自己水杯的位置放进去。

放碗、勺子时将碗、勺子分开放在不同的收纳篮里，注意轻轻放。

3.在日常生活中落实，直到养成习惯。

提醒幼儿自己的物品自己拿，自己放。知道物品所在的具体位置。

耐心引导不愿意自己拿和放的幼儿，帮助他们养成自己拿和放的习惯。

4.家园共育。

在家长群分享幼儿在园自己拿、自己放东西的照片或视频，鼓励家长在家也积极引导幼儿自己拿、自己放物品，做到家园同步。

3

中班第一学期教学设计

本学期着手引导幼儿尝试对手部精细动作要求较高的自理性劳动，并注重"自己的事情自己做"习惯养成。鼓励幼儿为班级、为幼儿园做力所能及的服务。同时强调家园同频共育，鼓励幼儿参与简单的家务劳动，在为长辈服务中增进亲子情感，并由家务劳动向社会实践延伸。

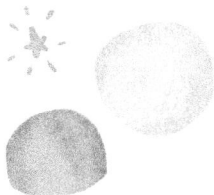

 # 我会刷牙

吴小梅

设计意图：

刷牙是口腔保健的重要途径。为了帮助中班幼儿初步掌握正确的刷牙方法，在成人的提醒下养成早晚各一次的刷牙习惯，特设计了本活动。

活动目标：

1.掌握正确的刷牙方法。

2.能够在成人的提醒下养成刷牙的好习惯。

活动准备：

1.阅读绘本《老虎拔牙》。

2.手偶老虎、牙齿模具、示范牙刷、儿歌《我们大家来刷牙》。

活动过程：

1.出示手偶老虎，引发问题。

师：小朋友们，还记得老虎为什么要拔牙吗？

师：原来是老虎吃了许多糖果而且不刷牙造成的后果。那怎样才能保护牙齿呢？（漱口、刷牙）

2.教师出示牙齿模型和牙刷，请个别幼儿示范刷牙。

师：老师这里有牙刷和牙齿模型，谁来教教大老虎怎么刷牙？（请个别幼儿用牙刷和牙齿模型展示如何刷牙，其他幼儿评价）

3.教师示范正确刷牙方法。

师：我从医生阿姨那里学会了正确的刷牙方法，我们一起来学一学吧！

教师手拿牙齿模型讲解：上面的牙齿叫上牙，下面的牙齿叫下牙。

教师边念儿歌边示范：上面牙齿从上往下刷，下面牙齿从下往上刷。

4.教师带领幼儿边说儿歌边拿着模具刷牙。

（1）师：医生阿姨把刷牙的方法编成了一首好听的儿歌，拿出你的小牙刷和牙齿模型，我们一起来刷牙吧。

上牙齿，从上往下刷。下牙齿，从下往上刷。里外都要刷，咬合面要来回刷，舌头也要刷一刷。

（2）出示正确刷牙步骤图，幼儿分组练习刷牙，教师观察指导。幼儿学看步骤图（见图3-1），掌握刷牙动作要领。

（3）教师引导幼儿将牙刷及牙齿模型放回原处。

5.早晚刷牙，爱护牙齿。

师：小朋友们，你们每天什么时间刷牙呢？（早上、晚上、中午）

总结：今天我们学会了刷牙的正确方法，要记得每天早上和晚上都要刷牙哟，做一个讲卫生的好孩子。

6.活动延伸。

（1）将正确刷牙步骤图布置在生活区，并投放牙齿模型和牙刷等材料，以便幼儿在游戏中练习正确的刷牙方法。

（2）家园共育。

①家长可以让幼儿自己挑选喜欢的颜色或者卡通造型的牙具，培养幼儿刷牙的兴趣。

②亲子一起刷牙，幼儿模仿成人刷牙。

③请爸爸妈妈和宝宝一起制作刷牙打卡表，记录每天刷牙完成情况。

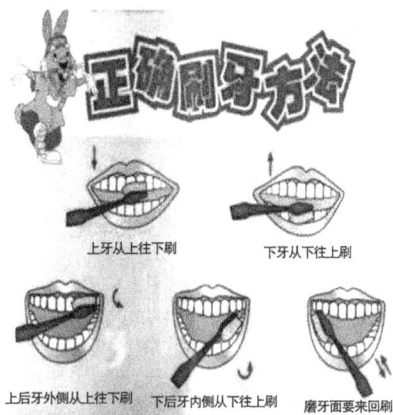

图3-1　幼儿仿照正确的方法进行刷牙

 # 一起做沙拉

吴小梅

设计意图：

本活动通过对水果的洗、切、制作等劳动环节，帮助幼儿增强手部的精细动作能力，进一步感受自我操作带来的劳动愉悦感。

活动目标：

1.了解水果沙拉的制作方法，感受制作过程的乐趣。

2.锻炼幼儿手部精细动作，进一步锻炼动手能力。

3.增强自我服务和为他人服务的意识和能力。

活动准备：

1.各种水果、沙拉酱、水果沙拉图片、超轻黏土、菜板、幼儿专用水果刀、水果盆。

2.知道水果沙拉就是将不同的水果切成丁状或者方块，摆放在盘子里，浇上沙拉酱，进行搅拌而成。

活动过程：

1.谈话导入。

师：今天呀，我们班有一个小朋友过生日，我们一起做个水果沙拉送给他好吗?

2.学做水果蔬菜沙拉。

（1）清洗水果蔬菜。

选用流动的水清洗。

擦干水果上的水渍。

挑出有发黄的叶子的蔬菜，然后把剩余的蔬菜清洗干净后再装进盘子里面。

（2）切水果。

扶水果的手离刀远点。

把水果切成小小的正方形、三角形等形状再装盘。

（3）搭配水果蔬菜。注意色彩、造型搭配。比如：将西红柿放中间，白萝卜放在西红柿的旁边。可以用小青菜将它们围起来。

（4）加沙拉酱。引导幼儿使用绕圈挤压的方式将沙拉酱挤出，注意不要将水果和沙拉酱撒落在桌子上或地面。

3.送水果沙拉。

将幼儿制作好的水果沙拉送给今天过生日的小朋友，并邀请其他小朋友一起品尝，最后对今天过生日的小朋友说一些祝福的话。

4.品尝分享会。

教师可以引导幼儿互相说说自己做的是什么沙拉（蔬菜沙拉、水果沙拉等），制作沙拉的具体步骤以及做沙拉时的心情（激动、开心、期待等）。

5.活动延伸。

（1）在美工区利用黏土制作水果沙拉，也可以将其制作好的水果沙拉成品投放至娃娃家中的小厨房，供其他幼儿游戏。

（2）邀请幼儿和家人一起制作水果沙拉（见图3-2）。

图3-2　制作水果沙拉

小纽扣钻洞洞

吴小梅　吴燕娟

设计意图：

学扣纽扣是幼儿生活自理的内容之一。中班许多幼儿不会解纽扣、扣纽扣，给孩子午睡、户外活动带来许多不便。为帮助幼儿学习解纽扣、扣纽扣，特设计了本活动。

活动目标：

1.学习解纽扣、扣纽扣的方法，能给自己扣纽扣。

2.愿意尝试自己的事情自己做，不依赖成人。

活动准备：

人手一个飞盘、有纽扣的衣服、布娃娃。

活动过程：

1.出示照片，导入课题。

师：昨天某小朋友午睡起床不会扣纽扣，急得大哭，你们愿意帮他吗？

请个别幼儿尝试。

小结扣纽扣方法：衣服拉整齐，扣子对扣眼，一手后面顶，一手前面掏，扣子扣好啦！

2.模拟练习，初学技能。

师：除了衣服上有纽扣，还有哪些东西上面也有纽扣呢？（飞盘）

（1）请小朋友尝试给飞盘扣纽扣，教师重点指导幼儿找到纽扣对应的扣眼和纽扣从下往上钻洞洞。

（2）幼儿尝试给自己衣服扣纽扣，并分享怎样对应扣子、扣眼。

（3）给布娃娃扣纽扣。

3.幼儿给自己扣纽扣。

午睡起床、户外活动前后鼓励幼儿尝试自己扣纽扣，鼓励一部分能力强的幼儿帮助能力弱的幼儿扣。

4.活动延伸。

（1）家长鼓励并指导幼儿自己扣纽扣，养成习惯。

（2）班级生活区帮娃娃扣纽扣，最终实现熟练扣纽扣（见图3-3）。

图3-3 练习扣纽扣

送给爷爷奶奶等长辈的礼物

吴小梅　刘燕红

设计意图：

重阳节是我国的传统节日，又叫"老人节"。尊老、敬老是中华民族的传统美德。孩子们在享受爷爷奶奶、外公外婆对自己爱的同时，要学会用"爱与陪伴"给予老人以及身边的人幸福和快乐。

活动目标：

1.懂得尊老、敬老是中华民族的传统美德，萌发尊敬长辈的情感。

2.尝试用多种方式表达对长辈的关爱，体验服务他人的快乐。

3.掌握简单的为他人服务的技能，体验劳动带来的乐趣。

活动准备：

1.开展有关重阳节主题教学活动，围绕重阳节的由来、重阳节的习俗、重阳节手势舞等，让幼儿了解重阳节的意义，对重阳节的习俗感兴趣。

2.家园联系栏分享任务。

3.制作艾草香包的艾草、香包袋。

活动过程：

1.为爷爷奶奶等长辈做一件事。幼儿每天为家里的老人做一件力所能及的事情（洗脚、捶背、按摩、拿拖鞋、陪长辈聊天等）。

2.分享为长辈服务的快乐。爸爸妈妈拍照或录视频记录幼儿劳动过程，以"文字+图片（或视频）"的形式在家园联系栏发动态分享：今天我为爷爷/奶奶/外公/外婆……我的心情（感受）……家长与老师对幼儿的劳动行为进行评价，让他们体验服务他人的快乐。

 # 给植物浇水

吴小梅

设计意图：

班级植物角是幼儿认识自然的窗口，自己动手照护植物不仅能激发幼儿对植物的兴趣，还能掌握简单的种植技能，同时培养孩子的爱心、耐心、责任心以及观察力等。

活动目标：

1.观察植物缺水和不缺水时的状态，了解水和植物的关系。

2.学习给植物浇水的方法。

3.体验给植物浇水的乐趣，培养幼儿的爱心、耐心和责任心。

活动过程：

1.引导幼儿观察缺水的植物。

师：它们为什么耷拉着脑袋，叶子为什么卷起来了？它们需要什么呢？

邀请幼儿用小水壶给植物浇水。

2.幼儿浇水，教师指导。

　　引导幼儿了解不同的植物需水量也不同。例如，水生植物一刻也离不开水，多肉植物每周浇水一次。浇水时间最好安排在晴天上午。幼儿浇水时一手扶住幼苗，一手浇水，注意开始水量不要太大，防止喷溅冲刷走周边泥土。此外还要提醒幼儿注意掌握大棵多浇、小盆勤浇的原则。

　　3.观察植物喝饱水后的状态，引导幼儿讨论观察结果。

　　4.活动延伸：提醒、支持幼儿按需给植物浇水，养成养护植物的良好习惯。

 # 给金鱼喂食

吴小梅

活动目标：

1.通过饲养金鱼，了解金鱼的外形特征和生活习性。

2.探索金鱼的饲养方法，积累饲养经验。

3.初步萌发保护生命，热爱生命的意识。

活动准备：

1.鱼饲料、面包屑、蚯蚓。

2.手套、小夹子。

活动过程：

1.谈话导入，引出主题。

师：今天，我们一起给金鱼宝宝喂食吧！你们知道金鱼宝宝喜欢吃哪些食物吗？（幼儿自主讨论并讲述）

2.了解金鱼饮食特点。出示鱼饲料、面包屑、蚯蚓。

师：鱼饲料、面包屑、蚯蚓都是金鱼宝宝爱吃的食物，你们知道金鱼每天吃多少吗？（幼儿自主讨论，教师总结）

小结：鱼饲料，特别小的金鱼一次喂3颗左右便可。中等大小的金鱼一次喂5颗左右。体积较大的金鱼则可以喂7颗左右。蚯蚓，作为活饵定期投喂（5天喂一次）。面包屑，一次2粒即可。

3.什么时间喂食比较合适呢？

小结：春夏季的时候，金鱼早上食欲好，可以在早上7至8点进行喂食，秋季在8至9点喂食，冬季则可以在10点左右给金鱼喂食。

教师示范喂食过程。戴上手套，将适量的鱼饲料放入鱼缸中。投喂蚯蚓时，要用小夹子夹住蚯蚓放入鱼缸中。

4.幼儿给金鱼喂食，教师观察指导。

指导要点：

（1）制订出喂食计划表，计划每天的喂食品种及数量。

（2）根据喂食计划表，戴上手套将食物投放至鱼缸中。

（3）未吃完的食物要及时捞出（以防金鱼吃到变质的食物导致生病）。

（4）记录当日的投喂情况及金鱼吃食情况。

5.幼儿将食物袋密封好放回原位。

6.请幼儿互相分享给金鱼喂食的经验。

7.活动延伸。

（1）幼儿回家后与父母一起调查金鱼还爱吃哪些食物，尝试在家饲养小动物。

（2）鼓励幼儿去小班与弟弟妹妹一起分享关于给金鱼喂食的经验。

我给大树穿冬装

吴小梅

设计意图:

在主题活动"冬天来了"中,孩子们对冬天的动物、植物怎样过冬产生了浓厚的兴趣。在户外活动时发现幼儿园里各种各样的树木也发生了变化,地上堆积着厚厚的落叶。为什么有的树叶会变黄掉下来,有的还是绿绿的呢?针对幼儿的提问,我们设计了该活动。让幼儿在园内自然环境中主动观察、讨论,进一步了解常绿树、落叶树。并且跟家长一起查阅资料,获得相关知识经验,产生关注周围环境的意识,通过引导幼儿为大树穿冬衣来激发幼儿保护树木的情感,学习保护树木过冬的方法,增强幼儿的劳动意识。

活动目标:

1.了解保护树木过冬的方法。

2.选择一种方法,与同伴合作完成保护幼儿园树木过冬任务,体验劳动的乐趣和完成任务的喜悦。

活动准备:

1.查阅资料,了解树木过冬的习性。

2.草绳、涂白剂、防寒布、刷子等若干。

活动过程：

1.教师提问，导入课题。

现在是什么季节？冬天天气怎么样？你们是怎么过冬的？你知道大树是怎么过冬的吗？

小结：可以采用多种方法帮大树过冬，如系草绳、裹防寒布、刷涂白剂等。

2.观察幼儿园树木，辨别这些树过冬的习性，确定哪些需要穿冬装。

小结：树有很多品种，不同的树木有着不同的习性。有的树木不怕寒冷，有自我保护的能力，如雪松、柏树、蜡梅；有的树木需要在人们的帮助下抵抗寒冷，如梧桐树、银杏树等。

3.师幼一起给大树穿冬装。

想给哪些大树穿冬装？用什么方法穿？

教师示范并讲解刷涂白剂、裹防寒布、系草绳的具体方法。

4.幼儿分工操作，教师观察指导。

请幼儿按计划分工合作给大树穿衣服。

指导要点：

（1）刷涂白剂时要先弯腰或蹲下，蘸上涂白剂从上往下、从左往右刷，注意不能刷太厚。不要将刷子乱舞，以免弄到眼睛里或身上。

（2）裹防寒布：要两人配合，从根部开始，一人将防寒布按在大树干上，一人缠绕防寒布。绕树干的时候，布一圈挨着一圈，注意让每一圈都不留缝隙。

（3）系草绳：两名幼儿合理分工，一人握紧草绳，另一

人传递绳头。从根部开始圈圈紧挨着绕上去，同时要注意收紧。（教师鼓励幼儿试完一种方法后可以再试另一种方法）

（4）收拾整理工具、用具。

活动后分享交流：你今天选择了什么方法帮大树穿冬装？你和谁一起完成的？你有什么感受？一起来分享一下吧！

5.活动延伸。

（1）引导幼儿结伴自主设计、制作不同树牌标识，认养一棵树，给它浇水、剪枝、记录成长。进一步激发幼儿爱护树木的情感。

（2）家长可以带领幼儿在社区进行护绿活动。

学会佩戴口罩

吴小梅

设计意图:

佩戴口罩是保暖、防尘、防菌重要举措。为让幼儿掌握正确佩戴口罩的方法,养成良好的佩戴口罩习惯,我们设计了这一活动。

活动目标:

1.养成出门佩戴口罩的良好习惯,提高自我保护意识。

2.学习正确地佩戴和取放口罩的方法。

3.知道一次性口罩不能重复使用及学会处理口罩的方法。

活动准备:

每人一片口罩,相关的图片。

活动过程:

1.出示口罩,导入课题。

师:你们出门戴口罩吗?戴口罩之前要怎样做呢?

幼儿自由回答。

小结:佩戴之前要辨别口罩的内外两面和上下。深色或者有图案的面是外面,浅色或者白色是里面,有硬硬的鼻夹的是上面，软软的是下面。

2.正确佩戴口罩。

师：你们是怎样戴口罩的呢？

幼儿展示平时如何戴口罩的。

教师示范正确佩戴口罩的方法：第一，先分清口罩的内外和上下；第二，用手拉住耳线挂在耳朵上；第三，一手按着鼻子上的口罩边，一手往下颌拉开口罩，使口罩包裹住我们的嘴巴和下颌；第四，顺着鼻翼压一压鼻夹，让鼻夹紧贴鼻翼。

幼儿练习正确佩戴口罩，教师指导。

指导要点：分清内外和上下，最后要把鼻夹夹紧。

3.正确取下口罩并处理。

师：不戴的时候要如何取下来呢？取下来后又要怎样处理呢？

幼儿展示平时如何取下口罩的。

教师示范如何正确取下口罩并处理：第一，用手拉住耳线，不要触碰口罩的外面部分；第二，从内往外进行对折再对折，一直对折到最小；第三，用耳线绑住口罩；第四，一次性口罩要放到一个新的垃圾袋，我们冬天使用的棉口罩也要使用75%的酒精喷洒消毒后再清洗。

4.活动延伸。

家园共育：养成出门戴口罩的良好习惯。

我会收拾餐具

吴小梅

设计意图：

中班幼儿因父母包办代替过多，大多缺乏家务劳动意识，缺少家务劳动体验。设计本活动，意在培养幼儿养成饭后帮助父母收拾餐具的习惯。学会自己动手收拾摆放餐具，感受做家务、为他人服务的乐趣。

活动目标：

1.初步培养幼儿做家务的意识，让幼儿饭后能主动帮助大人收拾餐具。

2.学习收拾餐具的方法，并能分类摆放。

活动准备：

1.观察认识家里的餐具，如：碗、盘子、勺子、筷子。

2.玩具餐具。

活动过程：

1.创设情境导入。

提问：孩子们看，桌子上都有什么呀？（凌乱的碗筷餐具，吃剩下的食物残渣）你们有什么感受？你们觉得应该怎么做？

幼儿讨论。

小结：餐桌乱七八糟的，很不舒服也不卫生，我们可以帮忙收拾餐具。

2.学习收拾餐具。

提问：怎么收拾呢？

幼儿讨论。

教师小结并示范分步骤：

（1）将碗、盘中的剩菜剩饭先倒掉。

（2）将盘子和碗按大小叠放好。不要叠得太高，可以三四个摆在一起，方便端稳。

（3）收拾勺子、筷子，筷子或勺子的头朝向一致整理好。

（4）将整理好的碗、盘子和筷子端到水池中。

（5）清理餐桌上的食物残渣。

（6）用抹布将桌子擦干净。

3.幼儿动手收拾餐具。

（1）娃娃家餐具操作。

师：孩子们看，娃娃家的桌子上都有什么？（玩具餐具）它们摆放得怎么样？（非常乱，见图3-4）你们愿意把它们摆放整齐吗？

图3-4 摆放凌乱的餐具

（2）幼儿操作。

提问：他们整理得好吗？为什么？

幼儿集体讨论，发现问题并小结：收拾盘子时，要按从大到小的顺序叠放，不能叠放得太高。可以自己整理也可以与同伴合作整理。

（3）再次操作。

4.活动延伸。

（1）在园就餐的幼儿餐后尝试收拾碗、勺。

（2）鼓励幼儿在家餐后尝试摆放整理餐具，养成餐后主动帮助大人收拾餐具的习惯。

我会晒晒物品

吴小梅　李慧梅

设计意图：

让幼儿做一些力所能及的事情，如晒晒物品，帮助幼儿完成并给予鼓励，不仅能培养幼儿的动手能力，还会使幼儿体验到劳动的快乐感。

活动目标：

1.掌握不同物品的晒晒方法。

2.能主动晒晒自己的物品，并愿意帮助他人晒晒。

3.在晒晒物品的过程中，体验到劳动的快乐。

活动准备：

已有自己独立完成任务的活动经验。

活动过程：

1.晒晒鞋子。

指导要点：天气晴朗的时候，将脱下的鞋子按照样式依次放到户外或窗台上有阳光的地方，注意鞋口朝着有太阳的地方摆放。切勿背光，防止鞋子不能充分被阳光照射。

2.晾晒衣物。

在园时，可以帮助生活老师将清洗过的毛巾晾晒在架子上。在家时，可以帮助大人晾晒衣服或袜子。

指导要点：幼儿将清洗过的毛巾拿出，尝试两只手分别握住毛巾的两端将其抖动、翻甩几下，以确保毛巾完全舒展开来完全被阳光照射到。

3.图书的晾晒。

指导要点：将图书搬到空旷且有阳光的地方晾晒。但不宜长时间暴晒，以免图书变黄。晾晒时用双手将图书从中间翻开，依次排列整齐。教师提醒幼儿每隔一段时间就将图书翻页，让阳光更好地照射。对于带霉点的图书，可以用毛巾轻轻擦拭霉点，一边轻擦，一手将其抚平，确保阳光照射后不会出现损坏。

4.帮助大人晾晒被褥。

教师指导：幼儿可以两人合作，将被褥的四角分别铺平。被褥晾晒一段时间后可以拿晾衣架进行拍打，将其中灰尘拍打出来。晒一段时间后，教师指导幼儿对被褥进行翻面，两名幼儿抓住被子一角将其轻翻过来即可。

5.活动延伸。

美工区中进行"我会晾晒"的主题绘画，将晾晒的过程用绘画的方式记录下来；角色表演区进行"晾晒小能手"劳动大比拼；在家帮助父母晒被子。

过新年　买年货

吴小梅　刘燕红

设计意图：

为加深幼儿对传统文化的认识，了解过新年买年货的习俗，增强其社会实践能力，特开展"过新年买年货"亲子购年货活动，让幼儿在自主购物的过程中了解购物的过程，了解超市工作人员的工作，体会他们的辛苦，感受超市给人们生活带来的方便及自主购物的乐趣。

活动目标：

1.体验买年货的过程，丰富生活经验，提高交际能力。

2.体验成功购买年货的快乐。

3.了解超市工作人员的工作情况，体会他们的辛苦。

4.能说清楚自己购买的年货名称并进行分类摆放。

活动准备：

了解"年"的来历，知道我国过年的几种习俗；了解过新年必备哪些年货。

活动过程：

1.引发兴趣。

出示买年货的图片，引导幼儿讨论：春节到了，大人们在忙什么？

小结：购买新年里需要的东西叫"买年货"，购买年货是我们中国人过春节的习俗之一。

2.教师引导每位幼儿制定一份年货购买清单。

（1）提问：你们想买年货吗？想买什么年货呢？

（2）幼儿制定年货计划，教师观察指导。

（3）幼儿介绍自己的年货清单，教师帮忙用文字标注，以便家长了解幼儿想法。

3.家长陪同幼儿买年货。

（1）了解超市工作人员。家长带幼儿认识导购员、收银员，并介绍他们的工作。

（2）逛超市，自主买年货。

家长带领幼儿逛超市一圈，引导幼儿观察超市里物品是怎样摆放的，知道自己需要的年货摆在什么位置。

幼儿自主文明选购自己想买的年货（家长需提醒幼儿选择时尽量不将货架上的物品弄乱，也要注意数量）。

（3）引导幼儿有序文明结账及学习使用礼貌用语，结账后整理物品及购物小票（家长提醒幼儿自带购物袋，培养环保意识）。

（4）回到家中，鼓励幼儿自己将购买的年货进行分类整理（如装饰品、日用品、食品等）。

4.活动延伸。

（1）亲子交流自主购物的快乐，鼓励幼儿说说自己根据年货购买清单从选择到购买的过程。

（2）活动后，可以组织班级幼儿一起分享到超市购物的经验，创设活动区域"小超市"，让幼儿仿照超市里的货架对物品进行分类摆放。

（3）引导幼儿以绘画等方式表现超市工作人员的工作，体会他们的忙碌和辛劳，萌发对他们的尊重情感。

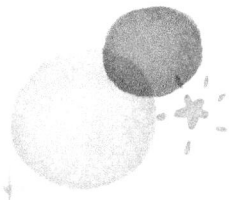

4

中班第二学期教学设计

学习整理收纳是本学期自理性劳动的重点，其主要目的是：培养幼儿为班级服务意识、服务能力，引导幼儿有计划地为班集体服务。在实际活动中，教师应结合传统节日、传统文化引导幼儿开展手工劳动、服务性劳动，让他们在劳动实践中萌发对劳动者的崇敬之情，了解体验传统文化习俗，在体验中培养动手能力。

 # 我会叠整齐

吴小梅

设计意图：

午睡时，幼儿脱下的衣服经常东一件、西一件乱摆，一点都不美观。针对这种情况，教师专门设计了"衣服叠整齐"活动，旨在初步培养幼儿脱下衣服后叠整齐放在固定位置的意识和能力。

活动目标：

1.学习叠衣服的正确方法。

2.养成每天脱衣后叠整齐并放在固定位置的好习惯。

活动准备：

1.衣服叠放整齐的图片、衣服凌乱放置的图片。

2.小熊哭泣的图片。

3.叠衣服步骤图。

4.人手一件衣服。

活动过程：

1.导入。

（1）出示第一组图（衣服叠放整齐的图片、衣服凌乱放置的图片,见图4-1和图4-2)。

师:这两张图片,你喜欢哪张?为什么?

图4-1 衣服叠放整齐图

图4-2 衣服凌乱放置图

小结:孩子们,每天午睡的时候,有的把脱下的衣服叠整齐摆放好;有的却把衣服随便乱扔。

(2)出示第二组图(小熊哭泣,见图4-3)

教师根据图意讲故事。

图4-3 小熊哭泣图

师：大家好，我是小熊多多，我今天要去参加小兔卡卡的生日会，可是怎么也找不到自己心爱的那件蓝色衣服，爸爸妈妈也很生气，批评我平时把衣服放得乱七八糟，我好难过。

提问：你们愿意帮助小熊找衣服吗？要帮助小熊，首先自己要学会叠衣服，你们会吗？

2.学习叠衣服。

（1）个别幼儿尝试叠衣服。

提问：这位小朋友衣服叠得整齐吗？怎么才会叠整齐呢？

（2）教师指导幼儿叠衣服。

教师边念儿歌边讲解叠衣服步骤（见图4-4），幼儿学会正确的叠衣服方法。

叠衣服歌

上衣：伸伸手，左抱抱，右抱抱，弯弯腰，变一半。

裤子：排两队，变一队，弯弯腰，睡睡好。

图4-4 叠衣服步骤图

（3）幼儿按照步骤图及教师讲解的方法练习叠自己的衣服。

（4）教师在幼儿操作过程中适当引导。

指导要点：

按儿歌中和步骤图所示的顺序动手叠衣服。

强调肩、背部拉平，两个门襟对齐、衣下摆对齐等。

3.展示幼儿叠衣服成果，幼儿评价，教师总结。

（1）幼儿将自己叠的衣服放在前面，大家集体讨论、交流，说说哪些衣服叠得好，哪些需要改进。再请叠得好的幼儿指导叠得不好的幼儿。

（2）小结：小朋友们，我们今天学会了如何叠衣服，然后我们还要把叠好的衣服整齐放到固定位置。

4.活动延伸。

（1）每天午睡时指导幼儿脱下衣服折叠好并放在固定位置。

（2）家园共育：家长提醒并指导幼儿将脱下的衣服及时叠整齐，养成良好的习惯。

（3）"娃娃家"、生活区等区域中放置叠衣服步骤图和各种衣物，练习巩固叠衣服成果。

我为妈妈洗洗脚

吴小梅

设计意图：

3月8日是国际劳动妇女节。为引导幼儿了解妈妈所从事的职业，体会妈妈为工作和家庭付出的辛劳，从而加深爱妈妈的情感，通过"我为妈妈洗洗脚"等活动，培养幼儿热爱劳动的情感和动手能力。

活动目标：

1.知道3月8日是妈妈、奶奶等女性的节日。

2.感受妈妈的辛苦，体验为妈妈服务的乐趣。

活动准备：

1.洗脚工具：洗脚盆、毛巾、温水。

2.妈妈工作、做家务时的照片及视频。

活动过程：

1.导入活动。

提问：小朋友们，今天是几月几号？你知道3月8日是什么节日吗？

小结：3月8日是国际劳动妇女节，是女性朋友，如妈妈、奶奶、外婆、阿姨等人的节日。

2.交流讨论：你想为妈妈做点什么？

提问：在妈妈的节日那天，你们想为妈妈做点什么呢？为什么？教师引导幼儿回忆妈妈上班、做家务时的情景，感受妈妈的辛苦。

小结：我们能为妈妈做的事情有很多，比如给妈妈倒杯水、制作礼物、拿拖鞋、捶捶背、洗洗脚等。

3.幼儿学习正确洗脚的方法。

师：你们给妈妈洗过脚吗？今天是妈妈的节日，今晚我们给妈妈洗洗脚好吗？

提问：你们会洗脚吗？怎么洗脚？

幼儿交流经验、自主表达、个别示范。

小结洗脚方法步骤（见图4-5）：

第一步：准备好洗脚盆、毛巾。

第二步：用洗脚盆盛半盆温水（没过妈妈脚踝即可，用手指试水温，不烫就行）。

第三步：帮妈妈脱下袜子，并将袜子整理好放在旁边。

第四步：让妈妈双脚完全浸入温水中，浸泡一会儿后帮妈妈洗一洗脚背、脚趾、脚后跟、脚底。水若凉了，可以添加热水。

第五步：洗净，擦脚。

4.回家行动：我给妈妈洗洗脚。

师：小朋友们，洗脚的方法你学会了吗？回家后，记得给妈妈洗洗脚！

鼓励幼儿说一段话，表达对妈妈的爱。

5.活动延伸。

（1）能在家人的帮助下为妈妈洗脚，经常为妈妈或其他亲人洗脚。

（2）在班级分享为妈妈做了哪些家务。

（3）美工区提供各种材料及作品范例，鼓励幼儿制作礼物送给妈妈。

图4-5　洗脚方法步骤

喂养小蝌蚪

吴小梅　钱文凤

设计意图：

幼儿园饲养活动能让幼儿亲身体验生命的意义，感受自己的行为与动物生长之间的关系。幼儿动手喂养小蝌蚪，不仅能发展认知的能力，还能养成做事认真、细心的好习惯。

活动目标：

1. 了解喂养蝌蚪的食物及工具，并掌握正确的喂养方法。

2. 养成爱观察、做事认真的好习惯，在饲养过程中生发对生命敬畏之情。

活动准备：

1. 小蝌蚪、鱼缸、沙石、捞网、刷子、手套。

2. 蝌蚪饵料：蛋黄、面包碎、饭粒等。

3. 和家长共同查阅资料，了解蝌蚪的饮食习惯。

活动过程：

1. 谈话导入，引发兴趣。

出示在一盆脏水中不怎么游动的蝌蚪，请小朋友说一说：小蝌蚪怎么了？为什么会发生这样的情况？

提问：怎样才能让小蝌蚪拥有干净舒适的居住环境呢？我们可以怎么做？

幼儿集体讨论后观看视频，了解适合小蝌蚪的居住环境。

总结：清洗鱼缸；清洗沙石；更换干净的池塘水或放入室外沉淀24小时后的自来水，避免自来水里有害物质给小蝌蚪带来的伤害。

2.帮小蝌蚪安家。

分组讨论清洗鱼缸的步骤及方法。

出示各类劳动工具，请幼儿自由选择并实际操作，共同为小蝌蚪打造干净又舒适的"家"。

幼儿根据讨论结果共同帮小蝌蚪安家。清洗鱼缸，用捞网将小蝌蚪捞入备用鱼缸，戴好手套用刷子将鱼缸清洗干净，倒入干净的池塘水或放入室外沉淀24小时后的自来水，最后将小蝌蚪捞回。

3.给小蝌蚪喂食。

师：小蝌蚪感谢小朋友们帮它们安了家。小蝌蚪的肚子饿了，你们知道小蝌蚪喜欢吃什么吗？

小结：水草、饭米粒、蛋黄、面包屑、菜叶等。

为小蝌蚪喂食，观察小蝌蚪进食情况并记录，找出小蝌蚪爱吃的食物。

4.总结。

今天我们学会了如何喂养小蝌蚪，我们还可以在喂养时进行记录，这样更方便我们今后照顾好小蝌蚪。

 # 小小值日生

吴小梅

设计意图：

幼儿升入中班以后，生活自理能力明显增强，逐渐萌发做个好值日生服务集体的意识。尤其是在老师说需要帮忙收拾、整理东西的时候，他们会表现出极大的热情，但大多尚未完全掌握做好值日生的方法。设计本活动，旨在从生活中寻找教育契机，为幼儿提供锻炼的机会。

活动目标：

1.了解值日生应该做哪些事情。

2.乐于为集体服务，萌发做值日生的自豪感。

3.提高收拾整理能力，养成做事细致、有条理的好习惯。

活动准备：

1.收集幼儿在一日生活中整理桌椅、玩具、图书及照顾自然角、饲养角等有关值日生工作的照片。

2.拍摄整洁、杂乱教室环境的图片若干。

活动过程：

1.了解值日生工作。

（1）出示若干整洁教室的图片（见图4-6）。

提问：你们喜欢这些图片吗？为什么？

图4-6　整洁教室图

（2）出示若干脏乱教室的照片（见图4-7）。提问：我们怎么能让教室一直保持整洁？

图4-7　脏乱教室图

（3）幼儿相互讨论后总结。

①将桌椅在指定位置并摆放整齐。

②玩具分类整理，放在玩具架上。

③图书摆放在书架上，封面朝前。

④面朝一个方向扫，扫完地后再拖地。

⑤为自然角植物松土、浇水后清扫花架、地面。

⑥为饲养角小动物换水、清洗、晒太阳。

（4）欣赏幼儿收拾整理桌椅、玩具、书橱及扫地、浇花等图片。

提问：劳动后你们有什么感受？（幼儿萌发为集体服务的自豪感）

2.做好任务分工。

提问：班级这么多事，到底谁做哪一项呢？如果小朋友都做一件事，其他事没有人做怎么办呢？

在讨论的基础上，做值日生安排表（见表4-1）。

鼓励幼儿设计值日生安排表。

在比较幼儿设计的表格基础上总结一个比较完备的表格。

表4-1 值日生安排表

星期＼学号＼劳动项目	擦桌椅并摆放	图书整理摆放	扫地	玩具整理摆放	照顾自然角	照顾饲养角
星期一	1、2	3	4	5	6	7
星期二	8、9	10	11	12	13	14
星期三	15、16	17	18	19	20	21
星期四	22、23	24	25	26	27	28
星期五	29、30	31	32	33	34	35

3.请幼儿按照值日生安排表体验值日工作。

指导要点：

（1）指导幼儿看懂图表，明确自己当天的工作任务。

（2）按任务要求完成值日任务。

阅读区：书不乱丢、不折角，合好后按大小整齐地横放或竖放在书架上（或者按照颜色、内容等分类摆放）。

玩具区：将玩具按标志分类放到不同的玩具篮里，再将玩具篮整齐地摆放在玩具架上。

自然角：首先判断需不需要浇水，定时给植物晒太阳、施肥、清理枯叶等。夏天中午最热的时候要将植物搬回室内，以防晒伤。施肥要适量，不能过多或过少。枯叶要及时清理。

饲养角：观察小动物是否需要换水，水缸是否需要清洗。定时给小动物喂食、晒太阳。

桌椅：椅子依次靠墙摆放，掌握擦桌子的正确方法。

扫地：地面脏时随时清扫。

4.活动延伸。

（1）值日生分享活动。

（2）设计值日生工作证（鼓励幼儿根据劳动项目设计不同的工作证，便于区分），以增强工作的自豪感。

（3）设计玩具分类标志牌。

（4）坚持按值日生安排表值日。

有趣的扎染

吴小梅　方建安

设计意图：

扎染是中国民间传统的染色工艺，其工艺从扎结到染色都具有丰富的创造性。为了感受中国传统印染文化以及民间艺术魅力，让幼儿体验扎染工艺的乐趣，提高动手操作能力，设计了本活动。

活动目标：

1.认识、了解扎染的基本工具及其使用方法。

2.学习扎染的基本方法。

3.体验扎染工艺的乐趣。

活动准备：

1.扎染工具与材料：手绢、各色颜料、排笔、一次性手套、围裙、抹布、滴管、夹子、橡皮筋等。

2.扎染的实物。

活动过程：

1.欣赏作品，导入主题。

播放PPT，请幼儿欣赏不同花纹扎染的手绢。

提问：猜一猜这些漂亮的花纹是怎么做出来的？

小结：手绢上的花纹是用扎染的方法扎染出来的。扎染是中国民间传统而独特的染色工艺，是我国的一项非物质文化遗产。

2.幼儿初探扎染。

（1）认识扎染材料和工具，如手绢、橡皮筋、颜料、夹子、滴管、一次性手套、围裙等。

（2）了解扎染工序。

提问：你们想尝试扎染吗？怎样进行扎染呢？

教师介绍：扎染包括两个部分，分别是扎结和染色。

教师示范扎染：第一步，将手绢浸湿拧干；第二步，扎，用橡皮筋扎或用夹子夹住手绢；第三步，染，将手绢直接浸在颜料里或用滴管往手绢上滴颜料；第四步，将浸泡或滴颜色后的手绢放置一会；第五步，拿走橡皮筋或夹子后晾晒手绢。

（3）鼓励幼儿按照自己的想法大胆尝试扎染。

指导要点：

①提醒幼儿铺报纸、系围裙，戴手套。

②按步骤扎染。

（4）展示、比较作品，分享扎染方法。展示不同类型作品，重点请幼儿演示扎法不同或染法不同的作品。

（5）在幼儿分享的基础上总结。

①可以有不同扎法。扎的方法不同，打开图案就不同，可以是圆形扎法、折叠扎法、捆扎法、螺旋扎法、夹扎法（教师边介绍边演示）。扎的工具不同（皮筋或夹子），形成的图案不同。

②可以有不同染法，如浸染、滴染；可以用一种颜色染，也可以用好几种颜色染。

3.再次尝试扎染。

要想好用什么方法扎，用什么方法染。提醒扎、染时应注意的事项：

（1）橡皮筋要扎紧。

（2）浸泡时间不能过长；可以根据自己喜好自由选择颜色。

（3）使用滴管时，滴管口对准要染色的位置，避免颜料滴到其他地方。

（4）晾晒时将手帕甩动推平以减少皱褶。

鼓励幼儿尝试不同扎染方法，感受用不同方法扎染带来的乐趣。

教师重点指导：

（1）如何扎紧手绢。

（2）引导幼儿挑选自己喜欢的颜色对手绢进行染色，提醒幼儿及时挤干手帕上的颜料。

（3）鼓励幼儿尝试用叠加法（先染一种颜色，挤干后稍微晾一会再染另一种颜色，染第二种颜色时颜料少点）染色。

（4）正确使用滴管的方法。

4.劳动成果展示交流。鼓励幼儿将自己做的扎染作品上台进行展示，并介绍自己的扎法、染法。

5.清理桌面、地面和扎染材料。提醒幼儿将剩下的颜料放在美工区，下次区角活动时继续使用。

6.活动延伸。

（1）小小服装设计师：由扎染手帕延伸到扎染衣服。

（2）在幼儿园创设扎染区。

制作劳动勋章

吴小梅　朱晓君

设计意图：

"五一国际劳动节"来临之际，幼儿园开展节日主题活动。幼儿通过设计制作劳动勋章，并将勋章送给辛勤的劳动者，进一步理解劳动节的意义，亲身体验"劳动光荣"，萌发对身边劳动者的尊重之情。

活动目标：

1.学习制作勋章的方法。

2.大胆设计勋章，体会设计的乐趣。

3.将勋章送给劳动者，并表达感谢之情。

活动准备：

成品勋章一个、介绍勋章的PPT、彩色手工纸、双面胶、画圆神器、剪刀、水彩笔。

活动过程：

1.认识勋章，理解勋章含义。

出示介绍勋章的PPT。

提问：小朋友们，你们知道这是什么吗（见图4-8）？它们有什么特殊的含义呢?

小结:这是劳动勋章。它代表了一份荣誉,送给为国家社会出贡献的劳动者。

我们身边有很多辛勤的劳动者,你们愿意制作一枚劳动勋章送给他们吗?

图4-8　勋章

2.了解勋章结构。

出示教师自制的勋章,请幼儿观察勋章的结构。

教师分享自己制作的勋章结构和设计思路:我想把勋章送给保安阿姨,因为保安阿姨每天辛勤值班很辛苦。我设计了黄色圆形的主页面,上面画了竖起的大拇指,表达了对保安阿姨的敬意。我用两张蓝色的长方形纸折成两个扇形然后拼接成圆形作底衬,再用两张红色的长条纸剪成飘带作坠饰。黄色代表温暖,蓝色代表爱,红色代表幸福。最后用固体胶将它们粘在一起就变成劳动勋章了。这个勋章代表了我对保安阿姨的感谢之心。

3.幼儿制作勋章(见图4-9)。

师:你们想好怎么设计制作劳动勋章了吗?展示勋章的制作方法。

（1）制作步骤：

步骤一：彩纸二等分剪开。

步骤二：像折扇子一样折起来。

步骤三：两个扇子对粘。

步骤四：画圆并裁剪。

步骤五：设计勋章并粘贴。

步骤六：粘上飘带，完成勋章制作。

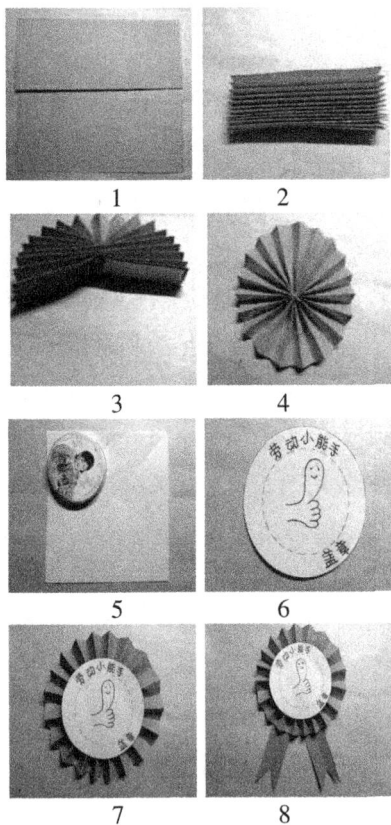

图4-9　勋章制作方法

（2）设计要点：

①想好为谁设计勋章，想对他说什么，画在主页上。

②底衬要比主页大，形状、颜色、造型根据自己的想法设计。

③坠饰是装饰勋章的，材料要轻一些，要比主页、底衬小。

④粘贴要注意对称。

（3）幼儿动手制作勋章，教师指导。

鼓励幼儿大胆创作主页，画出自己想表达的内容。折扇子形底座要用一正一反、宽窄一致的横条。教师对部分不熟练的小朋友进行指导。

4.为最美劳动者赠送勋章。

鼓励小朋友把制作好的勋章送出去的时候说一段感谢的话。如感谢保育员老师每天为我们提供这么舒适、干净的环境；感谢厨房阿姨每天为我们做出香喷喷的饭菜；感谢保安阿姨或叔叔为我们提供一个安全有爱的环境……

5.活动延伸。

（1）分享活动：做了什么样的勋章，送给谁了，对他说什么了。

（2）投放材料到美工区，鼓励幼儿设计出各种各样的勋章。

（3）设计奖励勋章（文明小标兵、值日小能手等），用于奖励幼儿。

我会洗毛巾

吴小梅

设计意图：

通过活动引导幼儿了解身边的各种家务，鼓励幼儿在清洗水果、毛巾、玩具等小物件的过程中体验讲卫生、爱劳动的乐趣，养成主动做家务的良好习惯，锻炼幼儿动手能力和自理能力。

活动目标：

1.学习清洗毛巾的方法。

2.培养幼儿讲卫生、爱劳动的良好行为习惯，锻炼幼儿自我服务的能力。

活动准备：

洗衣皂、盆、脏毛巾。

活动过程：

1.导入：出示脏毛巾图片。

师：小朋友们，这条毛巾怎么了？谁能帮它清洗干净呢？怎么洗？鼓励幼儿充分表达洗毛巾的方法步骤。

幼儿根据自己的方法尝试洗一洗。

同伴比较（洗得干净和不干净）。

2.梳理清洗步骤。

在幼儿体验表达的基础上梳理清洗步骤。

第一步：放半盆清水，将毛巾打湿，涂抹肥皂（脏的地方多打肥皂）。

第二步：左右手捏住毛巾反复揉搓，重点揉搓脏的地方（先拿在手上搓，再放水里搓）。

第三步：拧掉毛巾上的污水，换清水清洗毛巾，重复2~3次，直到盆里都是清水，看不见脏水和肥皂水。

第四步：双手抓住毛巾两头，朝相反方向拧干（如毛巾过长可对折后再拧）。

第五步：晾晒。

3.幼儿再次尝试动手实践。

教师指导：

（1）提醒幼儿卷袖子。

（2）肥皂按一定顺序擦，保证每一处都擦到，黑的地方多擦、多搓洗。

（3）个别指导幼儿搓洗方法和力度。

（4）左右手反方向拧干。

4.活动延伸。

（1）分享活动：幼儿分享清洗了什么，用什么方法清洗的。

（2）鼓励幼儿在家清洗其他物品。

（3）展示幼儿劳动场景。

制作绿豆糕

吴小梅　叶静瑜

设计意图：

端午节是中华民族传统节日。端午节有吃绿豆糕等习俗。为让幼儿了解中国传统文化和习俗，在体验中培养孩子动手能力，设计了本活动。

活动目标：

1.了解制作绿豆糕的方法步骤。

2.学习运用搓、压、捏等方法，制作多种形状绿豆糕。

3.尝试和同伴一起制作绿豆糕，品尝和分享自己的劳动成果。

活动准备：

1.了解端午节的来历和一些习俗。

2.绿豆、模具、黄油、白糖、糯米粉、餐盘、桌布、课件等。

活动过程：

1.通过欣赏活动，让幼儿认识、了解绿豆糕简单的外形。

师：小朋友们，今天老师举办了一个"绿豆糕"展览会，我们一起去参加吧!

提问:这些绿豆糕有什么不同?

小结:绿豆糕形状不同、图案不同、颜色不同。

2.观看工厂制作绿豆糕的视频,学习制作方法、制作步骤。

你们想亲手尝试做一些绿豆糕吗?怎么做呢?

幼儿观看视频。

提问:绿豆糕怎么做呢?

在幼儿表达的基础上总结、示范制作绿豆糕的方法。

出示已准备好的食材。

教师示范、讲解、制作绿豆糕过程。

(1)把绿豆泥搓成球状,用手掌压扁成饼。

(2)把红豆沙放在饼中间做馅,包起来再搓成球状。

(3)选择自己喜欢的模具,把豆球放入模具里面,用力挤压成自己喜欢的形状后取出。

(4)放凉后,就可以品尝美味的绿豆糕。

3.幼儿动手尝试,家长助教和老师指导协助。

指导要点:

(1)提醒幼儿要将红豆馅全部包裹住。

(2)鼓励幼儿选择自己喜欢的模具进行制作。

4.劳动成果分享。

师:宝贝们,现在要品尝自己的劳动果实啦!吃着自己制作的绿豆糕,心里感觉怎么样?快来分享一下吧!

5.活动延伸。

请幼儿回家后再和爸爸妈妈一起分享制作绿豆糕的方法及快乐的心情,也可以跟爸爸妈妈一起做一做绿豆糕。

我会整理床铺

吴小梅

设计意图：

起床整理床铺是幼儿应具备的生活自理能力。幼儿在整理活动中提高动手能力、促进动作发展，同时体验劳动的成就感，在坚持中养成自己整理床铺的习惯。

活动准备：

1.学唱儿歌《自己的事情自己做》。

2.一张小床，小被子、小床单、小枕头若干。

活动目标：

1.学习正确的叠被子方法。

2.整理床铺，体验整洁给生活带来的舒适感。

3.养成起床后自己整理床铺的习惯。

活动过程：

1.复习儿歌，导入主题。

播放儿歌《自己的事情自己做》。

提问：小朋友们，儿歌中的小朋友能做到自己的事情自己做，你们在家里哪些事情是自己做的？

小结：我们班的小朋友本领可真多，能自己做许多事情！

2.学习叠被子、整理床铺的方法。

（1）学习正确叠被子的方法。

出示被子没有叠的床铺图片。

提问：这张床铺看上去怎么样？你能帮忙叠被子吗？怎么叠呢？

（2）幼儿尝试叠被子。

在幼儿尝试并交流叠被子方法的基础上，小结并示范正确叠被子的方法。

①在床上把被子展开平铺，长边对着自己。

②找好中心线，将被子的两条长边向中心线对折。

③再找中心线，将被子的两条短边向中心线对折。

④再对折，将被子整理成小方块。

幼儿再次尝试叠被子。可以用长方形纸代替被子，鼓励幼儿边念儿歌边练习折叠。

师：老师把叠被子的步骤编成了一首儿歌："小被子，有长边、有短边，拎着长边对中间，点点头抬个脚，再把被子对折好，我的被子叠好啦。"我们可以边念儿歌边叠被子。

（3）学习整理床铺的方法。

提问：被子叠好了，床铺这样就可以了吗？怎样铺平床单呢？谁来试试？

（4）幼儿尝试铺床单。

在幼儿尝试并交流铺床单方法的基础上，小结并示范铺床单的方法。

①小床单也是有长边有短边，长边对着床的长边、短边对着床的短边铺开。

②将床单的相邻两个角压一点到垫被下面，轻轻拉另外两个角。

③直到床单铺平整后，将两个角压在垫被下。

④幼儿再次尝试铺床单。

小结：被子叠好后放到床头（床尾），把枕头平整放在被子上，把床单铺平整，这样我们的小床就平整干净啦！

3.幼儿动手实践。请幼儿尝试用正确的方法练习叠被子和整理床铺，教师指导。

引导叠得好的幼儿和能力弱的幼儿成立互助小组，建立良好的合作关系，进行合作叠被子、铺床单。

4.活动总结。

教师带领幼儿参观每组的床铺，欣赏劳动成果并分享劳动感受，体验成功的喜悦，对不足之处进行讨论并总结经验。

5.活动延伸。

（1）在"娃娃家"提供床单、被子，供幼儿游戏时操作练习。

（2）鼓励幼儿在家坚持自己叠被子，还可以帮助爸爸妈妈整理床铺。

5

大班第一学期教学设计

　　大班幼儿手部动作的灵活协调性得到了一定发展。本学期重点学习使用劳动工具进行自我服务、为幼儿园和家庭服务，并开展种植养殖活动。幼儿在亲身体验中认识劳动工具，学习劳动知识，提高劳动技能，懂得尊重他人的劳动。初步尝试科技创新劳动，感受科技与人们日常生活的密切关系。

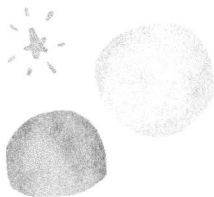

校园清洁我能行

吴小梅

设计意图：

提高幼儿的主人翁意识，培养其劳动实践能力，安排幼儿参与到清洁校园的活动中去。让幼儿在活动中认识劳动工具，学习劳动知识，掌握劳动技能，从而体验为幼儿园服务的成就感。

活动目标：

1.能使用扫把、簸箕、抹布等工具进行校园清洁。

2.增强服务集体的意识。

活动准备：

扫把、簸箕、手套、水盆、抹布。

活动过程：

1.谈话导入。（出示校园实景照片，见图5-1）

小朋友们，幼儿园一个暑假没人打扫变得脏兮兮的，我们一起来大扫除吧。

讨论怎么打扫。

提问：需要打扫哪些场地、清洁哪些玩具，怎么分工，需要哪些清洁工具，垃圾怎么处理，清洁工具如何清洗，清洁过程中有哪些注意事项等。

图5-1 幼儿园

在幼儿讨论的基础上总结：

（1）打扫项目（扫操场地面，擦滑滑梯、户外器械，捡塑料袋、废纸、包装袋等）。

（2）分工（按打扫项目分工）。

（3）垃圾分类处置。

（4）注意事项（清扫时避免留有死角；使用劳动工具时注意安全不可打闹等）。

2.清洁校园。

指导要点：

（1）捡（塑料袋、废纸、包装袋等）：按一定顺序捡，分类放到不同垃圾袋。

（2）擦（擦滑滑梯、户外器械等）：擦高处注意分工合作，做好安全防护。

（3）扫（操场，垃圾倒入垃圾分类区）：按一个方向扫，不要太用力，避免扬起灰尘。

3.收拾清洗工具。

4.分享总结。

引导幼儿分享：在哪片区，做了哪些事，跟谁做的，怎么做的，打扫后校园有什么变化？

5.活动延伸。

（1）定期为校园大扫除。

（2）设计一张校园清洁记录表，培养幼儿看到校园垃圾能主动清理的意识。

做家务 真开心

吴小梅

设计意图：

鼓励幼儿做力所能及的家务。家务劳动为幼儿提供了丰富的操作机会，让幼儿在各种操作中锻炼各种劳动技能，养成良好的生活习惯，增强责任感。

活动目标：

1.积极主动做家务，体验劳动的乐趣。

2.懂得尊重家人的劳动，学会感恩。

3.养成爱劳动的好习惯。

活动过程：

1.教师引入话题，引导幼儿讨论交流。

教师展示班级部分幼儿在家劳动情况图片。图片包括洗毛巾、叠衣服、分碗筷、洗碗筷、擦桌子、扫地、扔垃圾等。

师：这些都是我们班的劳动小能手，他们在家里都做了哪些事情？

2.说说自己在家能做的家务劳动。

师：你会做哪些家务活呢？你是怎么做的？

幼儿交流、示范。

师幼共同归纳幼儿在家可以做的家务以及怎么做。

（1）每天晚上洗脸后把自己的毛巾、袜子洗干净。

（2）帮助家人叠好干净衣服。

（3）餐前帮忙分碗筷。

（4）餐后主动擦桌子、洗碗筷。

（5）和家人一起扫地。

（6）扔垃圾。

3.幼儿制定"做家务真开心"活动计划表。

师：每个小朋友都是家庭中的一员，爸爸妈妈每天上班很辛苦，我们可以帮助爸爸妈妈做一些简单的家务，减轻他们负担。

师幼共同讨论家务劳动计划，幼儿自主制定家务活动计划表。

4.活动延伸。

（1）认真记录每天的家务劳动。

（2）劳动分享：幼儿分享自己的家务劳动经验，如做了哪些家务、做家务的感受等，幼儿自由表达。（请家长用视频和图片记录幼儿劳动过程，每周一幼儿在班级分享交流）

（3）在做家务劳动体验中感受爸爸妈妈的辛苦，鼓励幼儿说一些感恩的话。

 # 制作月饼

吴小梅

设计意图：

每年农历八月十五日是中华民族的传统节日——中秋节。中秋节有赏月、吃月饼等习俗。为让幼儿了解中国传统文化和习俗，直观地了解和体验中秋节欢乐的气氛，锻炼动手能力，体验劳动的快乐，设计了本活动。

活动目标：

1.了解月饼的制作过程。

2.学习揉、团、搓、压等操作技能，并尝试用不同模具制作出不同形状、花纹的月饼。

3.体验劳动的快乐，感受中秋节欢乐的气氛。

活动准备：

1.知道中秋节是中国的传统节日，中秋节有赏月、吃月饼等习俗。

2.制作月饼的食材和工具：发好的面团、馅泥、模具、烤箱等。

3.幼儿铺好桌布，洗净双手。

活动过程：

1. PPT展示月饼，导入活动。

用PPT展示月饼。师：中秋节快到了，你们想吃月饼吗？月饼是怎么做出来的呢？你们想做月饼吗？怎么做呢？

2. 学习制作月饼。

（1）了解月饼结构和制作步骤。

用PPT展示月饼横截面，请幼儿观察并回答月饼是什么样的。

小结：月饼是由饼皮和饼馅两部分组成的。把月饼馅包在月饼皮里面，再放到月饼模具里面压出不同的花纹，最后放进烤箱烘烤10~20分钟就能吃啦。

（2）教师示范做月饼。

第一步：制作饼皮。取比乒乓球小一点的面团，按压成饺子皮状。

第二步：准备馅料。取比乒乓球小一点的饼馅，搓成团备用。

第三步：包月饼。将搓好的馅料包进月饼皮中，用饼皮把饼馅包起来，团成圆。

第四步：压模。将做好的月饼团放入模具里，压出花型。

第五步：烘烤。将月饼做好后放进烤箱烘烤10~20分钟。

3. 幼儿尝试做月饼，教师指导。

（1）个别幼儿尝试。

师：谁想来试试？

幼儿尝试后总结：

①月饼皮太薄会破，皮太厚馅就少不好吃。因此，在包

月饼时，馅要比皮的分量少一些，避免馅太多包不下，太少不好吃。

②包月饼要用左手托住月饼皮，放入馅，右手拇指食指捏住皮边一点一点从四周向中间聚拢包裹饼馅，左手用虎口慢慢转圈往上收月饼皮，左手拇指配合把馅往里压，直到皮把馅全部包进去，再搓圆。

（2）幼儿自主操作，教师巡视指导。

指导要点：

①取量多少。

②压皮把握厚薄。

③根据自己喜好选择不同饼馅。

④压模可以通过更换花片来改变花纹，按压时模具不能移动，按压的力气要大点。

⑤烘烤时要把握时间。

4.收拾整理。

收拾整理桌面、地面，清洗制作月饼工具。

5.活动延伸。

（1）介绍自己做的月饼并品尝月饼。

（2）包装月饼：用塑封盒或者包装袋将月饼包装起来。

（3）将月饼带回家，向家人介绍制作月饼的过程，并和家人一起品尝自己做的月饼。

重阳节义卖活动

吴小梅

设计意图:

幼儿园的孩子,普遍都是在爸爸妈妈、爷爷奶奶的宠爱中长大的,但是他们尊老、敬老的意识淡薄,有很多孩子不会表达自己对家人的爱。因此针对大班幼儿设计了重阳节义卖活动,激发幼儿对老人的关爱。

活动目标:

1.通过参与重阳节的相关活动,获得售卖的生活经验,提高设计展牌的劳动技能。

2.捐赠义卖善款,激发关爱老人的情感。

活动准备:

1.认识10元以内元为单位的钱币,积累购物经验。

2.知道义卖的目的。

3.品质完好且安全、卫生的义卖物品,如零钱、班牌、横幅、募捐箱、桌子等。

4.布置义卖场地。

活动过程：

1.交流、讨论义卖技巧。

幼儿讨论，教师小结。指导要点：

（1）丰富多样的商品、漂亮的展台、合适的价格才能吸引更多的购买者。

（2）允许前来购买的幼儿进行还价，以公道的价格将物品卖出。

（3）引导幼儿学会并提高售卖物品时的服务质量。

（4）剩下的商品降价或者打折销售。

2.幼儿义卖活动。

指导要点：

（1）合理定价，以1元～10元为主。

（2）幼儿设计好展台，将自己的商品摆放在展台前，向其他小朋友介绍自己的商品。

（3）幼儿排队等待，挑选商品。

（4）鼓励幼儿讨价还价。

（5）对顾客做到微笑服务、优质服务。

（6）结账。所有购买者在挑选完商品后，结清商品的价钱。

（7）活动后清扫场地。

3.活动延伸

（1）统计善款。在义卖结束后，以班级为单位统计义卖善款总额，集中各班义卖所得的钱款，并向大家公布本次义卖活动的总金额。

（2）给所有参加活动的幼儿颁发"爱心小天使"证书。

（3）社区活动：各班清点义卖款项，由专人代表幼儿园全体幼儿及家长将全部义卖所得捐赠给幼儿园附近敬老院。

筑建龟舍

吴小梅　李慧梅

活动目标：

1.通过筑建活动，知道龟舍的筑建要求。

2.探索筑建龟舍的方法。

3.愿意与同伴合作，体验筑建龟舍的挑战与快乐。

活动准备：

1.平底容器若干、晾晒过的自来水（根据养殖的乌龟数量准备）。

2.装饰材料：平滑的石头、雨花石、水草、贝壳若干。

活动过程：

1.谈话导入活动。

师：（出示小乌龟）我们一起给它们建造一间温馨、舒适的漂亮房子吧！

教师带领幼儿认识筑建龟舍的材料及作用。

（1）幼儿自主观察、讨论材料的使用方法。

（2）教师引导幼儿了解龟舍里安装晒台的作用。

（3）幼儿自主探究晒台摆放的位置及方法。

（4）幼儿自主绘画设计龟舍的制作步骤。

2.幼儿筑建龟舍，教师指导。

指导要点：

（1）选择平滑斜面的石头作为龟舍的晒台。晒台的面积要大点，高度应略高于水面一点、低于龟舍边缘并且让乌龟不能爬出为宜。

（2）选择喜欢的装饰材料用于龟舍建设。

（3）在龟舍中加入晾晒过的自来水，放入的水刚刚淹没龟背即可。

（4）将筑建好的龟舍放置阴凉处。

3.收拾整理材料，清理地面。

4.总结。

幼儿分享筑建龟舍的步骤及晒台的布置要求，分享筑建龟舍的感受。

5.活动延伸。

（1）组织幼儿在美工区设计新的装饰图。

（2）幼儿回家后与父母一起分享筑建龟舍的经验，有条件的可以在家养小乌龟。

挖山芋

吴小梅

设计意图：

幼儿园种植园里孩子们亲手插的山芋成熟了。我和孩子们规划"挖山芋"活动，旨在体验收获的喜悦，提高动手能力，丰富植物生长知识。

活动目标：

1.学习用铲子挖山芋的方法。

2.通过挖山芋等系列活动，体验劳动的快乐。

活动准备：

每名幼儿自带一种挖山芋的小工具，一只小篮子。

活动过程：

1.导入活动。

师：种植园的山芋成熟了，想吃吗？那我们一起去挖山芋吧！

2.去山芋地。

教师和幼儿一起带上工具去山芋地。

3.学习挖山芋的方法步骤。

拂开山芋上面藤蔓，找到山芋根；双手紧抓根部往上拔；摘下藤蔓下面的山芋；再挖土里的山芋。

4.部分幼儿尝试挖山芋，领会挖山芋技巧。

指导要点：

（1）在成人帮助下，先用钉耙一垄一垄将地里山芋藤蔓拂开，这样才能完整地看到整株的山芋根。

（2）拔山芋。

请两三名幼儿尝试拔山芋根。

请幼儿分享怎么拔的（拔不动的，拔断的，顺利拔起来的）。

教师小结：拔山芋时要注意手抓山芋藤根部双手用力往上拔，拔不动可以两个人合作一起拔。如果泥土比较实，就要将山芋旁边的泥土挖开一点再拔，否则容易拔断山芋。

（3）摘山芋。

指导要点：山芋拔出来之后，可以一人拿藤一人摘，也可以放在地上一起摘，如果山芋比较大需要拿剪刀将山芋剪下来。

（4）挖山芋。

个别幼儿尝试用铲子挖山芋。

分享挖法（挖不动的，挖破或挖断的，完整的挖出来的）。

教师小结：要在地垄侧面开始挖，这样山芋不易被挖破或挖断。力气要比挖沙力气大，挖不动时要借助脚的力量，也可以用小铲子对山芋藤周边的硬土进行破土，让土壤变松软等。

5.全班幼儿分组挖山芋，教师指导。

指导要点：

（1）分组分地块挖。

（2）一个人完不成的可以找同伴帮忙。

（3）不要挖断山芋或挖破皮。

（4）把土里的山芋挖干净，防止挖漏了。

（5）挖出来的山芋装篮。

6.运输山芋。

指导要点：

（1）先把挖出来的山芋集中放在一起。

（2）将大小山芋进行分类，并分别进行装篮。

（3）小袋幼儿自己拎回去，大袋幼儿合作一起抬回去。

7.清洗山芋。

指导要点：首先拿刷子（可以是洗衣刷或专用的食物刷）刷掉表皮上的泥土，然后用清水进行反复冲洗。

8.活动延伸。

（1）幼儿分享挖山芋的过程。

（2）了解山芋制品，如山粉、粉丝、山芋干、山芋糖等。

（3）山芋品尝会。

制作冰糖雪梨

吴小梅　刘梦玉

设计意图：

冰糖雪梨是一道好吃的甜点，还有润肺止咳作用，特别适合幼儿秋季饮用。

为了让幼儿加强对感冒咳嗽的预防，帮助幼儿了解冰糖雪梨的功效，提高幼儿动手兴趣和动手能力，特设计了本活动。

活动目标：

1.学习制作冰糖雪梨的方法。

2.学会正确使用刨子、安全刀。

3.体验亲手制作冰糖雪梨的快乐，懂得珍惜劳动成果。

活动准备：

1.材料准备：洗净的雪梨、冰糖、红枣、枸杞、泡发好的银耳若干。

2.工具准备：刨子、安全刀、餐盘、小勺子若干。

3.经验准备：幼儿吃过冰糖雪梨午点。

活动过程：

1.谈话导入，激发幼儿兴趣。

师：小朋友们，你们的小手洗干净了吗？我来看一看。嗯，你们的小手洗得真干净，梨子也洗得特别干净，现在我们一起来制作冰糖雪梨吧。

2.介绍冰糖雪梨的制作方法。

提问：冰糖雪梨怎么做呢？

看PPT，学习制作冰糖雪梨方法。

请幼儿表达制作冰糖雪梨的方法。

教师总结制作步骤。

第一步：加工梨子（削皮—切成四份—去核—切成小块）。

第二步：添加配料（添加银耳、枸杞、冰糖）。

第三步：蒸煮（加适量水，放进锅里煮）。

3.幼儿动手制作冰糖雪梨。

指导要点：

（1）教师示范安全削皮刀的使用方法。

师：我们用的是安全削皮刀，削皮的时候要左手拿着梨子，右手拿着安全刀，一定要注意手和削皮刀的距离，要从上往下慢慢地削。

（2）请幼儿示范拿刀，并比较不同的拿刀方法、削皮方法的效果，教师再次总结正确的使用方法，丰富幼儿的拿刀经验。

（3）幼儿在教师指导下用刀削皮、切块。

（4）切块时，鼓励幼儿均匀切，切成跟正方体的糖果差不多大的梨块。切不动时，用力压一压刀背。

（5）去核时提醒幼儿一只手扶稳梨，用勺子对准梨核儿，把梨核挖出来。

（6）添加配料。把梨块放进锅里，添加银耳、枸杞、冰糖和水，水覆盖过雪梨即可，冰糖和枸杞根据梨的数量适量放入，一个梨搭配冰糖5粒，枸杞3颗。

（7）蒸煮。放进锅里煮就可以了。大火煮开后放入冰糖、枸杞，改小火熬煮15分钟即可。

4.收拾整理。

（1）收拾整理工具。

（2）清理台面。要求幼儿用抹布将操作台收拾干净。

（3）分类处理垃圾。

（4）清理地面。

（5）清洗劳动工具。

5.分享冰糖雪梨制作经验。

6.活动延伸。

（1）组织幼儿将自己亲手制作的冰糖雪梨分享给中小班的弟弟妹妹品尝，体会劳动的成就感和自豪感。

（2）幼儿与家长共同制作并与家庭成员共同分享美味的冰糖雪梨。

 给乌龟洗澡

吴小梅

活动目标：

1.学习给乌龟洗澡的正确方法。

2.学会照顾乌龟，对小乌龟有爱心和责任心。

3.愿意大胆尝试，体验劳动的乐趣。

活动准备：

1.劳动工具：软毛刷子、手套、水盆。

2.盐水若干、牙膏一支。

3.乌龟若干。

活动过程：

1.谈话导入。

出示一只身上长青苔的乌龟。

师：刚刚老师发现养殖区里的乌龟身上长了绿苔，这样小乌龟容易生病。我们一起给小乌龟洗澡吧!

2.探索给乌龟洗澡的方法。

引导幼儿积极讨论给乌龟洗澡的方法。

请个别幼儿讲述给乌龟洗澡的方法。

带领幼儿总结给乌龟洗澡的正确方法：

（1）戴上手套，用大拇指和中指捏住乌龟背部壳的两侧，将乌龟从龟舍中取出。

（2）把乌龟放入水盆中，让乌龟在水盆中先适应2~3分钟。

（3）轻轻触碰乌龟的尾巴，等乌龟的头、四肢缩进去后，用软毛刷蘸上盐水在龟背上自上向下顺着方向刷。

（4）遇到顽固的青苔，用软毛刷蘸上少量的牙膏清洗。

（5）用大拇指和中指先捏住乌龟壳两侧，再用软毛刷清理乌龟腹部的青苔。最后，用清水将乌龟冲洗干净，再将乌龟放入干净的龟舍中。

3.指导幼儿按照上述方法给乌龟洗澡。

指导要点：

（1）给乌龟洗澡时，一定要先戴上手套。

（2）要用大拇指和中指牢牢捏住乌龟壳两侧，再用软毛刷清洗。

（3）遇到顽固的青苔，可使用少量牙膏。

（4）用清水将乌龟清洗干净。

4.整理活动。幼儿将软毛刷、水盆清洗干净放回原位，并将地面清理干净。

5.活动总结。请幼儿分享给乌龟洗澡的过程。

6.活动延伸。

（1）美工区：幼儿将给乌龟洗澡的过程以绘画的形式记录下来。

（2）家园共育：幼儿回家后和父母一起给家里的宠物洗澡。

制作涂鸦机器人

吴小梅

设计意图：

为培养幼儿科学探究兴趣，提高创造性劳动能力，大班开展制作涂鸦机器人活动。本次活动的一部分材料来源于生活中的废旧物品，另一部分是科学探索材料如马达和电池组。幼儿在科技创新实验中，感受科技与人们日常生活的密切关系。

活动目标：

1.通过动手操作，学习涂鸦机器人的制作方法。

2.知道马达在通电的情况下可以带动物体旋转。

3.体验成功制作涂鸦机器人的快乐，感受科技与人们日常生活的密切关系。

活动准备：

1.涂鸦机器人材料：黄色明轮桨、长耙铁、螺丝、按动开关、马达、红色和黑色导线、橡皮筋、有开关的2节5号带线电池组、螺丝刀、剪刀等若干。

2.装饰材料：彩笔、一次性杯子、白色画纸等若干。

3.课件：《神奇的画笔》视频。

活动过程:

1.播放涂鸦机器人自己作画的视频,引起幼儿兴趣。

师:今天老师给你们介绍一位神奇的机器人,你们看,它会自己画画,它的名字叫"涂鸦机器人"(见图5-2)。

图5-2 涂鸦机器人

2.观察涂鸦机器人的结构。

涂鸦机器人是由明伦桨、长耙铁、按动开关、马达、导线和一组电池组等构成的(见图5-3)。

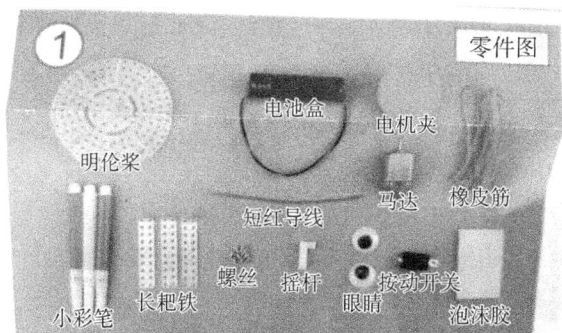

图5-3 涂鸦机器人的部件

教师讲解重点部件的作用。

(1)马达:能够通电带动涂鸦机器人运转起来。

（2）按动开关：用于控制电路。

（3）明轮桨：用于制作涂鸦机器人的底盘。

（4）长耙铁：用来制作涂鸦机器人的腿。

（5）导线：用于连接线路。

3.讲解涂鸦机器人的制作步骤。

（1）制作机器人的底盘。将三个长耙铁按等距离分布，然后用螺丝刀把它们固定在黄色明轮桨上。将螺丝刀端头对准螺丝的顶部凹坑固定，然后开始顺时针旋转手柄嵌紧。逆时针方向旋转则为松出。

（2）连接按动开关。将红色导线头两头各剥出1厘米左右，拧在按动开关接头上（剥导线时用剪刀在一端开小口，沿小口竖直方向向下撕扯即可），连接马达、电池盒和按动开关，将电池盒上红色导线拧在按动开关上，再将红、黑导线分别连接在马达上。

（3）固定按动开关和电池盒。

（4）用泡沫胶把按动开关和电池盒固定在黄色明伦桨上，用螺丝钉固定电池盒。

（5）将马达套入绿色电机夹。

（6）在绿色电机夹上安装白色摇杆。

（7）在绿色电机夹上贴上眼睛。

（8）制作机器人的腿。用橡皮筋分别将彩笔绑在长耙铁上，注意笔头朝下。

（9）打开开关，机器人作画。在涂鸦机器人的身下放上一张白色画纸，打开电池组的开关，马达转动，涂鸦机器人就开始作画。

4.幼儿制作，教师观察指导。

借助涂鸦机器人的制作小视频，教师带领幼儿回顾涂鸦机器人的制作步骤。

幼儿自主分组、分工合作。

（1）教师引导幼儿自主分组、分工合作，确定自己的任务。

①分发每组的操作材料。

②每组摆放一份操作步骤图。

（2）幼儿领取自己的劳动任务。

（3）幼儿动手操作，教师巡回指导。

①指导幼儿按照步骤图操作。

②指导幼儿学习使用螺丝刀。

③指导幼儿剥、安装电缆线头。

5.成果展示交流。

（1）组织幼儿拿制作好的涂鸦机器人上台展示交流。

（2）组织幼儿拿着每组涂鸦机器人的涂鸦作品上台展示。

6.活动延伸。

（1）美工区：利用一次性废旧杯子为涂鸦机器人设计美丽的服装。

（2）幼儿回家后与父母一起制作涂鸦机器人，并将制作好的涂鸦机器人带到幼儿园与同伴一起交流欣赏。

学会剪指甲

吴小梅　钱文凤

设计意图：

日常生活观察发现，有些幼儿存在养指甲、咬指甲的坏习惯。本活动旨在通过手工游戏引导幼儿学习用指甲钳剪指甲，养成爱清洁讲卫生的好习惯，体验自我服务的成就感。

活动目标：

1.通过修剪指甲游戏，学会使用指甲钳。

2.学习正确剪指甲的方法。

3.养成勤剪指甲的好习惯，体验自我服务的成就感。

活动准备：

1.安全指甲钳、卡纸、剪刀、记号笔。

2.查阅资料，了解指甲的作用。

活动过程：

1.故事导入。

讲述故事《呼噜猪剪指甲》。

呼噜猪真奇怪，它做的东西和别的小动物做的东西有些不一样，这是怎么回事呢？呼噜猪，拿馒头，馒头向他摆摆手，不让吃。他帮丁当狗包饺子，饺子皮，饺子馅，包出的饺子麻麻脸，一点儿也不卫生。他帮草莓兔去烙饼，烙出的大饼没人吃。呼噜猪去找小猴子，小猴子嫌他脏，一跳跳到大树上。树上有只黑乌鸦，"哇哇哇"地在说话："呼噜猪，看看你的小黑手，指甲长，指甲脏，细菌就在指甲缝里藏，快快回家剪指甲吧。"呼噜猪，回到家，一进家门就叫妈妈："妈妈妈妈，快快给我剪指甲。"

提问：大家为什么不愿意和呼噜猪做朋友呢？（指甲太长，脏兮兮，不讲卫生）

引导幼儿和身边的小朋友比一比，看看各自的指甲有什么不同？（长短、干净或藏泥等）

小结：指甲缝里面藏着很多细菌，长指甲容易抓伤别的小朋友，咬指甲会使手指变形，还会将病菌带入口腔等。所以，我们要勤剪指甲。

2.手工游戏《剪指甲》，学习指甲钳使用方法。

提问：你们会剪指甲吗？要学会剪指甲，先要学习使用指甲钳。

初探指甲钳：

师：呼噜猪的指甲可真脏呀，指甲缝里满是泥巴，你们能帮助呼噜猪剪掉脏指甲吗？

（1）出示手指模型和指甲钳，幼儿自主尝试。

（2）幼儿展示作品，比较作品差异。（平滑、毛糙差异；深浅差异；部分幼儿不会使用指甲钳）

交流讨论：你们是怎样拿指甲钳的？怎样剪既平滑、干净又不伤皮肤？（个别幼儿经验分享）

（3）教师结合儿歌总结指甲钳使用方法：指甲钳，会魔法，咔嚓咔嚓剪指甲。指甲钳，张开嘴，咬住指甲不松开。拇指食指来帮忙，用力按下指甲断。

再探指甲钳：

（1）幼儿再次尝试在指模上剪指甲，练习使用指甲钳。（教师重点指导幼儿按儿歌里的方法使用指甲钳）

（2）展示作品，比较自己两次剪的作品差异。

提问：第一次你是怎么剪的？第二次又是怎么剪的？（请进步大的幼儿交流经验）

（3）教师进一步总结使用指甲钳注意事项：左手的拇指和食指握住将要剪的手指，右手持指甲钳。从指甲的一端沿着指甲的自然轮廓轻轻地、一点点转动指甲钳绕圈剪即可。剪好后，用指肚摸一摸，检查指甲边缘处是否光滑，如有方角或尖刺，应及时修整。

三探指甲钳：

（1）出示手指模型，请幼儿在规定的5分钟时间内完成一只指模剪指甲任务。教师重点指导沿着指甲的自然轮廓转动指甲钳，检查指甲边缘处是否光滑。

（2）展示作品，跟同伴比较（剪得快、慢）。

交流讨论：怎样拿指甲钳剪又快又平滑？（请剪得快慢不同的幼儿比较拿指甲钳的方法）

（3）教师总结：手越靠近指甲钳尾巴的地方剪就越省力气，剪得就快。

3.幼儿尝试给自己剪指甲。

师：小朋友们，指甲钳的用法你掌握了吗？现在我们试试给自己剪指甲吧！

（1）幼儿自主尝试剪指甲。教师重点指导幼儿注意指甲修剪深浅。

（2）同伴比较。（剪得深与浅）

（3）交流讨论：怎样剪不会伤及皮肤和肌肉？请剪得深浅适宜的幼儿示范。

（4）教师总结：剪指甲时，我们将指甲长度修剪到与指尖相平即可，不能剪得太深，这样容易伤到皮肤和肌肉。

4.活动总结。

（1）师幼一起总结指甲钳的使用方法以及剪指甲的方法和步骤。

（2）师：小朋友们已学会了剪指甲，以后我们指甲长了就要及时剪，养成勤剪指甲讲卫生的好习惯。

5.活动延伸。

（1）区角活动：投放剪指甲材料，能熟练使用指甲钳。

（2）实践体验——帮爸爸妈妈剪指甲。幼儿回家在爸爸妈妈的指导下，帮家人剪指甲。

我会修补图书

吴小梅

设计意图：

班级图书看的人多，很多图书出现折角、磨损、开胶、掉页等破损现象。通过"我会修补图书"活动，为图书修修补补，穿新衣、换新颜，幼儿在修修补补过程中锻炼动手能力、协作能力、创造能力，并懂得爱惜图书，增强班集体荣誉感。

活动目标：

1.了解常见的修补图书工具。

2.初步掌握修补图书的方法和技巧。

3.通过修补图书的劳动实践，培养幼儿班集体荣誉感。

活动准备：

破旧的图书、双面胶剪刀等辅助工具、歌曲《小人书不要哭》。

活动过程：

1.导入活动，萌发爱惜图书的情感。

播放歌曲《小人书不要哭》，提问：歌曲中的小人书为什么哭？后来它又为什么笑了？

观察班级破损的图书，提问：这些书怎么了？它们哪里坏了？（幼儿交流）

小结：这些图书有的封面封底破损，有的书页被撕烂了，有的书页掉了等。

2.学习修补破损图书的基本方法。

（1）讨论：图书破损了怎么办？（修补）可以用什么材料修补？怎么使用这些材料？

小结：修补图书的方法有很多，常用的方法是用胶带、胶水或者双面胶进行粘补，还可以用订书机修订。

（2）幼儿自主尝试修补图书。

①教师观察指导：引导幼儿查看书的哪些地方破损，思考用什么材料修补比较合适、方便，怎么补？

②幼儿分享交流选用的修补材料和修补方法。

提问：你的书哪里破损了？你用什么材料修补的？怎么修补的？你觉得你修补的方法正确吗？说说理由。

③教师小结：修补图书时，第一步仔细检查图书哪些地方需要修补，如页码缺失了应先找到缺失页；第二步想一想用什么材料修补合适、方便；第三步就是采用合适的材料和方法动手修补（粘补或修订）。

（3）学习图书粘补的基本方法。

师：今天我们主要来学习图书粘补的方法。

①修理卷角、褶皱。摊平卷角和褶皱，再平放在桌面上，书籍或其他重一点的材料压一段时间，就平整了。

②修补页面。根据书的破损情况，剪适当大小的双面胶进行粘补，对有文字的地方用透明胶进行粘贴。

③修补书脊。书脊破损的，用有韧性的透明胶或者纸张粘贴。

3.幼儿再次尝试动手修补本班破损图书。

幼儿独立修补图书，或与同伴合作完成。

教师指导：

（1）整理卷角、褶皱时，借助平整物体按压。

（2）修补页面中有字、画的地方，要用透明胶粘贴，避免遮挡。

（3）修补掉页时，要先找准页码，注意开合页不能贴反。

（4）书脊修补要牢固，局部开胶可用胶水、双面胶粘补，严重破损可寻求教师帮助，使用订书机修订。

4.总结分享交流。

展示修补成果。幼儿一起观察修补后的图书，说说图书的变化，体会劳动成果。

（1）提问：你们修补了哪些图书？用了哪些材料，用什么方法修的？和谁一起修补的？

（2）对比交流：出示粘贴有缝隙的和无缝隙的图书进行对比。

讨论：为什么会出现不同？（修补时对接处未对整齐）

请修补能力强的幼儿示范分享粘补经验。

教师小结：

（1）修补图书时，破损对接处要把文字、图案对齐，不能留有空隙，也不能交叉重叠。

（2）图书是我们的朋友，我们要时刻爱惜图书、照护图书。

5.活动延伸：开展"我是小小护书员"活动，组织孩子定期修护图书。

　　附：
　　　　　　　小人书不要哭

　　　　有本小人书　躺在桌上哭

　　　　呜呜呜　呜呜呜　躺在桌上哭

　　　　哪个小朋友呀　把它脸撕破

　　　　哪个小朋友呀　把它脸撕破

　　　　小人书　你别哭　我来给你补

　　　　小人书听了　哈哈哈哈哈哈哈哈　笑呀笑呵呵

 # 小小快递员

吴小梅

设计意图：

随着"互联网+"的发展，快递给我们的生活提供了很多的便利。本活动旨在引导幼儿在快乐游戏的过程中了解快递员的工作，在体验"小小快递员"职业劳动过程中体会快递职业的艰辛与服务他人的快乐，萌发尊重劳动、热爱劳动的意识，懂得尊重他人的职业和劳动。

活动目标：

1.了解快递员工作内容和工作流程。

2.认识快递装备和工具，认识"快递单"。

3.学习简单的快递打包方法。

4.体验快递职业的艰辛与服务他人的快乐。

活动准备：

1.PPT课件、快递盒、胶卷、剪刀、快递物品、快递员工作证、幼儿园教室分布图。

2.查阅资料，了解快递、快递员及其主要工作内容。

活动过程：

1.巧设问题，导入活动。

提问 1：你们知道图片（见图5-4）中的叔叔阿姨是做什么工作的吗？他们在干什么？

图5-4 辛勤工作的快递员

小结：图片中的叔叔阿姨是快递员，他们在送快递。

提问 2：快递员的主要工作有哪些？

小结：快递员的工作内容有很多，如客户寄件时可以请快递员上门取件；运输快递前，快递员要把寄出去的物品按照运输路线分类好；派送快递时，快递员要按照快递地址一户一户派送到收件人手上。

提问3：小朋友们，你收到过快递或者寄过快递吗？

小结：快递给我们的生活带来了很大的方便。

2.快递员招聘会。

师：最近，斑马快递公司的快递可真多，因业务需要，现在正在招聘小小快递员呢，你们愿意去应聘小小快递员吗？

考核1：认一认：快递员的装备和工具（见图5-5）。

师：快递员工作时得有他们专用的工具，请你们在这么多工具中找出快递员专用工具，并说说它的作用是什么。

快递员的装备和工具主要有快递车，快递盒、快递包装袋，胶带、剪刀、手工刀，快递单，手机等。快递员有了这些专业的工具后才能帮助他们快速、准确地把货物送到客户手中。

图5-5　快递员的装备和工具

考核2：包一包：给快递打包。

教师：给快递打包是快递员必备技能，你们会打包快递吗？

（1）幼儿尝试打包事先准备好的快递。

（2）展示、比较幼儿打包作品。（请会打包的幼儿示范）

（3）教师总结给快递打包方法：将物品放入快递专用包装后，首先要用胶带封口，再在快递专用包装的两边和底部用胶带多缠几圈。加固，保证运输时不会损坏。

考核3：分一分：根据快递标签分分类。

（1）了解按区域分送快递。

师：斑马快递公司有一批幼儿园的快递，可是快递员把所有的快递都弄乱了，想请你们帮忙分分类。

幼儿讨论：如何分？（引导幼儿按区域分）

小结：按区域分类，把相近地址的快递放在一起，方便派送。

（2）认识"快递单"。

提问：怎么知道地址？快递送给谁？从哪儿知道？（快递单）怎样看快递单？

小结：每一件快递上面都会有一张快递单，快递单上下两处有快递信息，主要看上面收件人信息：收件人姓名、电话和地址（例：大二班，草莓老师收）。这样，快递员就能根据快递单上的地址送货啦！

（3）分拣快递。

看幼儿园教室分布图，将相邻的教室分为一组。（或分楼层）

看收件地址，把相邻的收件地址分在一起。

总结：恭喜你们，成功应聘为快递公司的快递员。（颁发快递工作证）

3.职业体验：小小快递员持证上岗、派送快递。

幼儿分组，根据"快递单"体验派送。

教师指导：幼儿自主分组、每组明确派送地址、选择合适的运输工具、注意保护快递安全无损坏、派送快递时使用礼貌用语等。

4.活动总结。

幼儿说说送快递的感受，如为他人服务的乐趣等。

师：快递员每天要工作很长时间，无论是白天还是晚上、刮风下雨，他们都得负责把快递送到收货人手上，非常辛苦。所以，当收到快递时，我们千万别忘了对他们说一声"谢谢"。

5.活动延伸。

（1）设计快递单。

（2）区域活动：小小快递站，引导幼儿在游戏中开展快递快件揽收、分拣、分发、派送等游戏。

（3）校园快递员职业体验活动。

 # 学织围巾

吴小梅

设计意图：

毛线编织是一门综合艺术。它在增强幼儿审美情趣的同时，还可以提高幼儿的动手能力，培养幼儿的耐心、细心的学习品质，同时能让他们体验编织成果带来的成就感。

活动目标：

1.学习用编织器编织围巾的基本方法。

2.能独立、耐心地编织围巾。

3.喜欢参与编织活动，体验编织成果带来的成就感。

活动准备：

1.幼儿每人自备一个鞋盒（或快递盒、牛奶盒等），一团毛线。

2.将每个鞋盒边缘剪成锯齿状，锯齿间隔约两厘米，锯齿宽度和高度约为4厘米。

活动过程：

1.出示围巾。

提问：你们知道围巾是怎样编织出来的吗？

小结：围巾是将毛线通过编织工具（手工编织针、机械编织）编织而成。毛线可以借助"编织神器"，编织成各种漂亮的毛巾。

2.认识编织工具。

师：你们想自己动手编织围巾吗？

师：这是一个用鞋盒制作的"编织神器"，我们可以利用这个"编织神器"，将毛线团"变"成围巾。

3.教师结合儿歌示范编织围巾的方法与步骤。

（1）打活套固定线头：毛毛线，织围巾，先来绕个圈，打个小活结，套在起点处，结口转向里。

（2）绕第一圈毛线：右手持毛线，从里往外绕圈圈。

（3）绕线、翻线圈：绕到起点处，底层毛线翻个边，一边绕一边翻，约绕90圈。

（4）收线打结：再到起点处，来把围口收。毛线绕进小结口，直接绕进把边收。每个结口都收紧，手编围巾完成啦！

4.幼儿操作，教师指导。

（1）个别练习。

提问：谁想来试试？

幼儿尝试，针对问题及时指导。可以请不同幼儿上来尝试绕线、翻线，熟悉编织方法。

（2）人手一份操作。

指导要点：

①打活套起头固定。

②绕线方向：始终按照逆时针绕线。

③沿着锯齿根部绕线，注意绕线翻线顺序，不能漏绕、漏翻。每翻一次记得将线圈往锯齿根部压，避免线圈脱齿。

④若一次活动没有完成任务，可保存好未完成的作品，下次继续编织。

⑤收线打结。

5.活动延伸。

（1）将没有编织完的围巾投放到美工区，供幼儿参加区域活动时编织。

（2）亲子编织：请幼儿将没织完的围巾带回家，鼓励幼儿与爸爸妈妈轮流编织，体验亲子活动的温馨，感受学会新技能的自豪感。

（3）送围巾、献爱心。鼓励幼儿将自己编织的围巾送给同伴、亲人，或者福利院的孩子、养老院的爷爷奶奶等，体验劳动成果带来的成就感。

6

大班第二学期教学设计

大班第二学期，专门设置了为幼儿升入小学而准备的部分生产劳动项目。在生产劳动中，有意识增加幼儿劳动量，让幼儿在出力出汗中感受劳动成果的来之不易，在收获中体验快乐，格外珍惜劳动果实。

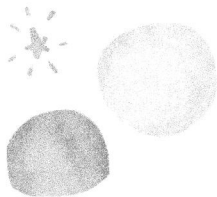

我会系鞋带

吴小梅　李慧梅

设计意图：

《3～6岁儿童学习与发展指南》明确指出大班幼儿要学会自己系鞋带。实际上很多大班幼儿不会系鞋带。《我会系鞋带啦》这一教学活动，通过鼓励、引导，让幼儿自己尝试系鞋带，在实践过程中掌握系鞋带的方法，体验成功的快乐。

活动目标：

1.学习系鞋带的基本方法和步骤。

2.发展孩子的手指灵活度，培养幼儿的手眼协调的能力。

3.体验自己的事情自己做的快乐，养成生活自理的良好习惯。

活动准备：

1.区角中系鞋带操作材料。

2.有鞋带的鞋子图片。

活动过程：

1.导入。找几个穿不同鞋子的小朋友出来（一脚蹬的，母子扣的，系鞋带的），请小朋友观察，他们的鞋子有什么不同？（幼儿自由讨论）

在比较中发现系鞋带的鞋子的特点。看看今天还有谁穿了系鞋带的鞋？（引起幼儿对系鞋带的鞋关注和观察）

2.学系鞋带。

提问：你们会系鞋带吗？怎么系呢？（幼儿讨论并尝试）

出示鞋盒。老师昨天刚买了一双系鞋带的鞋，你们能帮助老师系鞋带吗？

请两名幼儿尝试系鞋带，系好后展示并分享自己怎么系的。

教师小结：肯定幼儿敢于尝试的行为后，指出系的过程具体不足。

3.教师示范讲解系鞋带的方法（见图6-1）。

（1）先打一个结，把鞋带对折成"兔耳朵"，如图6-1所示。

（2）交叉绕一绕，把两只"兔耳朵"相互交叉，如图6-1所示。

（3）"兔耳朵交叉时，下面有一个洞"，用一只"耳朵"穿过洞，另一只"耳朵"用手捏住不要动，如图6-1所示。

（4）将两只耳朵拉出，形成蝴蝶结。

（5）将蝴蝶结拉紧。

图6-1　系鞋带的方法

4.练习系鞋带。

（1）幼儿练习。请幼儿把鞋子模型放在桌子上练习系鞋带，边念儿歌边练习（儿歌：先打一个结，交叉绕一绕。再变两个圆，鞋带系得牢）。

（2）教师重点指导系鞋带步骤，手要捏紧鞋带，最后一步拉鞋带的时候用力不要过猛。

（3）分享交流。重点引导幼儿分享系鞋带的方法和步骤。

（4）鼓励会系的幼儿帮助同伴系鞋带。

（5）让幼儿自己系鞋带。

5.活动延伸。

（1）区角投放纸质的带有鞋带的鞋子模型、系鞋带步骤图、分层次投放扭扭棒、不同长度的绳子等供幼儿自主练习。

（2）与家长做好沟通。家长应鼓励指导幼儿学习系鞋带，养成良好的生活自理习惯。

（3）帮弟弟妹妹系鞋带。

（4）尝试使用不同方法给其他物品系不同的蝴蝶结。

亲子义务植树

吴小梅　钱文凤

设计意图：

3月12日是中国的植树节，通过参加义务植树活动，引导幼儿了解植树的相关知识，带领幼儿体验植树劳动的乐趣与辛苦，提高幼儿动手能力及合作能力，增强幼儿保护环境、保护大自然的意识，懂得通过劳动可以让我们的家园绿意盎然。

活动目标：

1.认识并学习使用铁锹。

2.知道植树的方法步骤，学习一些简单的植树技能。

3.积极参与植树活动，体验义务植树的乐趣。

活动准备：

1.物品：树苗、树牌、水桶、铲子、水壶等若干。

2.经验准备：了解植树节的意义。

活动过程：

1.植树前谈话。

出示植树图片，提问：他在做什么？为什么要植树？

小结：植树不仅可以美化我们的生活环境，还可以净化空气，调节气候，防风固沙，防止水土流失，保持生态平衡。

你们植过树吗？你知道怎么植树吗？

幼儿充分交流讨论。

教师小结植树方法和步骤：准备工具铁锹和水壶—挖树坑—放苗—填土压实—浇水。

2.实践活动，一起去植树。

出示植树地点图片，萌发幼儿植树意愿。

师：这里是沿江江堤，看起来怎么样？（光秃秃，没有树）周末你们愿意和爸爸妈妈一起去种树吗？

（1）认识植树工具——铁锹。

师：你们知道铁锹是用来干什么的吗？

植树的主要工具是铁锹和水壶。铁锹主要用于挖树坑、填土。

（2）尝试使用铁锹。

师：你们会用铁锹吗？

幼儿尝试用铁锹挖坑。

比较幼儿挖的坑有什么不同？（大小深浅不一）

交流讨论：你是怎样使用铁锹挖坑的？请做得好的幼儿示范。

教师示范小结：首先，双手前后握杆，用力将铁锹插入土中，一只脚用力踩住铁锹，借助身体重力往下踩，下按木柄，松土，然后双手分开握住木柄，将泥土铲出来。

（3）教师向幼儿介绍植树的方法、步骤。

第一步：定好树坑位置。

第二步：用铁锹挖好大小适宜的树坑，挖出来的土堆在一边。树坑大小确保树的根部能被坑容下即可，深度一般50厘米左右。挖坑时应垂直下挖，上下口径大小一致。

第三步：将小树苗放进树坑中，扶正树苗，根须一定要舒展、理顺，不能窝根。

第四步：填土压实。将刚刚挖出的土回填到坑里，把树苗的根部埋起来，直到把坑填到跟地面一样平，再用脚绕树踩实填土。

第五步：浇水、挂牌。小水慢灌，将填土浇透。

（4）亲子植树，教师指导（见图6-2）。

①鼓励幼儿动手挖坑，家长指导幼儿正确使用铁锹。锹尖不要对准别人，不能往上翘，避免土扬到自己脸上。遇到特硬地质，家长可以适当帮助幼儿松土。

②尝试把树苗放进坑里，确定坑的大小、深度是否适宜，并根据需要进行调整。

③家长扶苗，指导幼儿把根须梳理顺。

④幼儿填土。家长指导幼儿填土方法，填土时先填一半踩实后再填。

⑤幼儿用水壶给小树浇水。

⑥挂上自制的树牌。

3.活动延伸。

（1）植树节分享活动，如今天一共植了几棵树，完成了植树中哪些任务等。

（2）引导幼儿观察自己种的树与专业植树人员种的树，说一说有什么不同？为什么？巩固认识植树知识。

（3）职业认知活动：引导幼儿认识、了解护林员、森林公安等职业，激发幼儿对森林职业工作者的热爱与尊重。

图6-2 亲子植树活动

种玉米

吴小梅

活动目标：

1.学习播种的方法，能积极参与种植活动，体验劳动的乐趣。

2.观察种子发芽全过程，萌发对种子发芽的探索兴趣。

活动准备：

玉米种子、播种的相关视频、播种工具。

活动过程：

1.图片导入。

出示种子图片，引导幼儿推测、辨别是什么植物的种子。

小结：许多植物都是经历播种、种子生根、发芽的过程而长大的。

2.基本部分。

（1）观看视频，了解种子发芽生长的过程。

①发芽过程。播放视频，通过看、听等途径，让幼儿直观感知种子生根、发芽、长叶的神奇过程。

总结：种子太神奇了，冲破土壤，钻出地面，发出了新芽，长出了嫩叶。

②玉米种子生长的条件。

提问：种子发芽，需要哪些条件呢？播放视频，让幼儿直观了解种子生根、发芽、长大需要的条件。

总结：种子从发芽到长大，需要适量的水分、适当的温度和充足的氧气。

（2）了解种植玉米的方法。

师：今天我们一起播种，你知道怎么播种吗？

①在小盆内挖坑。

②放入一两粒种子。

③然后把刚挖出的土用小铲子盖在种子上，把坑填平。

④浇上半瓢水。

种植要求：

①先准备好播种需要的材料和工具。

②不要把铲子小锄头对着别人；不要坐在或跪在地上，不要把土弄到眼睛里，也不要弄到别人身上；不要在周围奔跑、推挤，避免摔伤。

（3）幼儿种植玉米，教师指导。

指导要点：

①指导幼儿按正确的播种步骤完成播种。

②指导幼儿注意卫生安全。

③指导幼儿播种完成后收拾整理场地和工具。

（4）分享交流。

①种植技巧的交流。

②成果交流。

3.活动延伸。

（1）观察玉米种子的发芽及生长变化。若探究能力、条件允许，可以用温度计测土壤温度，比较观察玉米种子在不同环境下发芽情况。

（2）有条件的幼儿可以制作玉米种子发芽图画书。

（3）家长带领幼儿在家播种其他植物种子，引导幼儿观察记录不同植物种子的发芽及生长变化。

我是小小宣传员

吴小梅

活动目标：

1.初步了解传单在生活中的用途。

2.通过分发传单，丰富社会经验，锻炼勇气和自信心。

3.体验不同职业的工作，体会分发传单的辛苦。

活动准备：

传单若干，礼仪小标兵绶带若干，发传单视频。

活动过程：

1.设置情境，引出活动主题。

师：小朋友们，"六一"儿童节要到了，幼儿园里要举办文艺汇演，想邀请家长们来观看，我们可以通过什么方式来宣传呢？

小结：可以通过发传单来宣传。

2.认识传单。

出示传单，引导幼儿观察。

提问：传单上有什么？

小结：传单上有活动简要介绍、活动时间、活动地点、活动图片和联系电话等。

了解传单的用途：传单分为两大类，一类是用来推广产品的商用宣传单；另一类是义务宣传单，像我们"六一"活动的宣传单就是义务宣传。

3.幼儿分发"六一"文艺汇演宣传单。

（1）了解发传单的流程。

提问：我们应该怎样发传单？

幼儿讨论后总结：

①先跟别人简单介绍传单的内容。

②每个人发一张传单。

③发传单时要面带微笑，主动打招呼，注意用礼貌用语（你好，谢谢，请）。

（2）幼儿分发传单。

入园、离园时间，教师组织幼儿来到幼儿园大门处。

幼儿分组，戴好绶带分发传单，教师指导。

指导要点：

①礼仪要求：面带微笑，主动打招呼，使用礼貌用语，双手发传单。

②鼓励幼儿介绍活动主要内容，发出邀请。

③鼓励幼儿坚持完成任务。

4.活动总结。

（1）幼儿表达分发传单的感受。

提问：发了多少传单？怎么发的？有什么感受？每组派一名代表。

教师小结：发传单虽然很辛苦，但是小朋友们都坚持下来了。有的小朋友主动打招呼，双手递传单，非常有礼貌；

有的小朋友还会介绍传单上的内容，邀请家长来参加，真是老师的好帮手。

（2）探讨怎样能多发传单。

请个别发传单多的幼儿示范，幼儿观察探讨。

小结：发传单的时候面带微笑，语言有礼貌，能更有效地发传单。

5.活动延伸。

（1）播放生活中发传单的视频，了解不同职业的辛苦。

教师总结：传单在我们生活中十分常见，发传单也是一件很辛苦的事，以后遇到别人给你分发传单，我们也要礼貌接受。

（2）区角活动：为某项活动设计传单。

 # 我会施肥

吴小梅　张群

活动目标：

1.知道肥料能促进植物生长。

2.尝试用正确的方法给植物施肥。

3.喜欢种植活动，乐意亲近自然。

活动准备：

肥料，施肥工具，植物园（里面种有玉米、黄瓜、西红柿、豆角、南瓜等瓜果蔬菜的植物）。

活动过程：

1.导入活动。

出示植物营养不良的照片，引起幼儿施肥的愿望。

师：我们种的瓜果蔬菜还没有长大，而且有的苗又矮又瘦，你们能想想办法帮助小苗快快长大吗？

小结：小苗们缺少营养就会长得慢，要想它们长得快，就需要给小苗们施肥。

2.学习施肥方法。

（1）在距离菜根2拳远挖一个拳头大的坑。

（2）将一勺肥料倒进坑里。

（3）盖上土。

（4）浇水。

3.幼儿尝试给植物施肥，教师指导。

指导要点：

（1）肥料不要跟人的皮肤直接接触，每棵小苗放一勺左右肥料，不宜太多。

（2）肥料不能离根太近，否则会把根烧死。

（3）浇水要浇透。

（4）按一定顺序施肥，避免漏施、重复施。

4.收拾整理工具材料。

5.小结。

提问：你给哪棵植物施肥了？怎么做的？你有什么发现？

6.活动延伸。

（1）比较施过肥和没施过肥的植物异同。

（2）认识其他肥料，学习自制肥料。

（3）讨论：除了在根部施肥，还可以怎么施肥？

 # 我会削铅笔

吴小梅

设计意图：

幼儿削铅笔的工作基本上都是由家长包办代替的。但升入小学后，削铅笔是幼儿基本生活技能。为帮助幼儿学会削铅笔，尽快适应小学生活，设计了本活动。

活动目标：

1.学会正确使用卷笔刀、手摇削笔刀、电动削笔刀。

2.增强自我管理意识，提高动手能力。

活动准备：

1.未削过的铅笔若干。

2.卷笔刀、手摇卷笔刀、电动卷笔刀若干。

活动过程：

1.谈话导入，激发幼儿兴趣。

师：老师带来了一件学习用品，小朋友们猜猜看，是什么呢？身穿花衣裳，个子细又长，写字又画画，全靠它帮忙。（谜底：铅笔）

2.介绍三种削铅笔工具的使用方法。

提问：你们是用什么工具削铅笔的？

尝试用三种工具削铅笔。

在个别幼儿尝试的基础上教师示范并总结削铅笔工具的使用方法。

（1）普通卷笔刀。一只手按住卷笔刀刀体，另一只手把铅笔插入卷笔刀中，用手握住铅笔转动三圈后，将铅笔抽出，把笔屑倒进垃圾桶里。

（2）手摇卷笔刀。将夹具拉出后即固定在使用位置；按下夹具把手，插入铅笔后即可转削；至空转时表示铅笔已削好。注意事项：及时清理卷笔刀中铅笔断芯；勿将带橡皮擦的一端放入转笔刀内削。

（3）电动卷笔刀。开机后只需将铅笔向削笔孔中一插，2~3秒钟即可削完。

3.幼儿自主尝试削铅笔。

每组桌上放上三种削铅笔的工具。

幼儿动手操作，教师观察指导。

指导要点：

（1）整体看幼儿使用工具的熟悉程度。

（2）鼓励不会使用工具的幼儿观察熟练操作的幼儿操作。

（3）帮助有特殊困难的幼儿选择一种工具完成操作。

4.收拾整理。

（1）收拾整理削铅笔的工具。

（2）清理铅笔屑和桌面。

5.活动延伸。

（1）美工区：可以放入铅笔和削笔刀，幼儿需要使用铅笔时，自主削铅笔画画。

（2）鼓励幼儿在家帮助哥哥姐姐削铅笔。

 # 我会拔草

吴小梅

活动目标：

1.给幼儿园除草，捡石头等，养成爱护环境的良好习惯。

2.体验劳动的乐趣和成就感。

3.培养坚持完成工作的任务意识。

活动准备：

垃圾袋、垃圾桶。

活动过程：

1.谈话导入活动。

师：（出示照片）幼儿园车道那里长出了很多杂草，我们一起去拔草吧！

2.提拔草要求。

划分责任区，幼儿分组，认领责任区。

3.幼儿拔草，教师指导。

指导要点：

（1）手要靠近草的根部，才能连根拔起。

（2）按顺序拔，不漏拔。

（3）看到小石头也要捡起扔掉。

（4）拔下来的杂草要放在垃圾袋或篮子里，不随便乱丢。

4.整理工具，结束活动。

幼儿将拔的草丢到垃圾桶里，整理工具，幼儿洗手。

5.总结谈话。

（1）拔草前后车道照片对比，体验成就感。

（2）幼儿分享拔草过程和感悟。

6.活动延伸。

（1）划定责任区，定期拔草，美化校园。

（2）养成正确处理垃圾的良好习惯。

学搭架子

吴小梅

活动目标：

1.知道爬藤类植物要借助架子、绳子向上攀缘、生长。

2.通过观察助教老师搭架子学习搭架子的方法，并尝试用竹子、绳子等材料给爬藤类植物搭架子。

3.培养小组合作的意识，在合作中体验成功的乐趣。

活动准备：

绳子、竹棍、木棍若干。

活动过程：

1.观察爬藤类植物的生长状态，通过谈话，导入活动。

提问：南瓜、黄瓜、豆角等植物长大了，它们的苗苗越长越高、越长越长。可是有的苗开始往下垂了，这是为什么呀？

我们应该怎么帮助它们呢？（搭架子）

搭什么样的架子呢？

2.通过观察助教老师搭架子学习搭架子的方法。

（1）出示材料，认识各种搭架材料。

（2）讨论给植物搭什么样的架子。

小结：如果植物果实比较重，架子就要很牢固，最好用竹竿搭成牢固的三脚架。

（3）助教老师示范，幼儿观察。

助教老师示范边讲搭架子步骤：选择合适长度的竹竿，确定插入的位置和深度，把差不多长度的竹竿间隔一定距离插到土里，再选择一根竹竿横向放置，与竖插在土里的竹竿交叉，最后在两根竹竿交叉处系绳子。

请个别幼儿帮忙。

3.分组实践操作。

分组合作，开始实施搭架计划。

教师重点指导如何把架子搭起来。如：竹竿要插到靠近植物根部的地方，应在交叉的地方绑绳子，绑紧。

4.观察对比各小组成果，完善不合理的地方。

提问：请小朋友们看一看，哪一组的架子搭得比较好？

教师：请其他组的小朋友把自己觉得不好的地方修改一下。

5.整理材料，结束活动。

6.活动延伸。

请幼儿观察照护植物在架子上的生长状态。

装饰草帽

吴小梅

活动目标：

1.了解草帽的用途。

2.欣赏草帽上美丽的图案与色彩，尝试设计并装饰草帽。

3.体验装饰绘画的快乐并对美术活动产生浓厚兴趣。

活动准备：

草帽若干，颜料、水桶、湿毛巾每桌一份，水粉笔每人一支。

活动过程：

1.谈话导入，引出主题——草帽。

师：夏天来了，天气越来越热，我们去照顾菜园里的瓜果蔬菜时很热很晒，有什么办法可以解决呢？

在讨论基础上小结：草帽可以遮太阳防晒，能让我们凉快一点。

2.欣赏帽子，激发装饰帽子的兴趣。

出示一顶空白草帽和有各种装饰的草帽图片。

师：这里有很多草帽，你们仔细观察它们和第一顶有什么不一样的地方。

引导幼儿观察帽子的样式、色彩及图案。

师：你最喜欢哪一顶？为什么喜欢这顶帽子？上面有什么图案？颜色怎么搭配的？

3.出示材料，鼓励幼儿尝试装饰空白草帽。

（1）师：这些漂亮草帽上的图案都是用颜料画上去的，你想设计一顶什么样的草帽？

（2）依次出示材料，讲述装饰要点。

本次活动用水粉颜料装饰，先设计好图案。注意颜色搭配。

（3）幼儿自由创作，教师指导。

指导要点：

先设计后装饰。颜料蘸取要适量，颜色不要混合。

4.作品分享。

师：请小朋友向大家介绍一下你设计的草帽，告诉大家你是怎么设计这个草帽的。

5.活动延伸。

戴草帽去菜园劳动。

我会整理书包

吴小梅

活动目标：

1.认识整理书包的重要性。

2.学习正确整理书包的方法。

3.乐意尝试整理书包，初步养成有序摆放物品的好习惯。

活动准备：

1.装有各种学习用品的书包一个。

2.杂装有杂乱物品的书包图片若干。

活动过程：

1.谈话导入。

出示装有杂乱物品的书包图片。

师：刚刚老师发现我们班有的小朋友的书包是这样的（教师出示装有杂乱物品的书包图片），你喜欢这样的书包吗？为什么？

小结：原来他没有清理书包里的杂物，学习用品没有分类摆放，书包拉链没有拉好。这样就不容易找到想要的东西，还容易丢东西。

2.初步探索整理书包的方法。

幼儿尝试整理自己的书包。

请个别幼儿介绍自己整理书包的方法。

引导幼儿探讨：怎样整理书包能让我们拿东西的时候更加方便呢?

小结：书包里面有很多层，每一层都有用处。铅笔、橡皮、尺子、小的卷笔刀放在文具盒里，文具盒和大的卷笔刀可以放在一起，放在最小层里；书和本子分别按由大到小的顺序整齐叠放，平整地放进书包大隔层；雨伞、水杯可以放在书包两侧的口袋里。

3.指导幼儿按照上述方法重新整理书包。

指导要点：

（1）把书包里的垃圾清理干净。

（2）书本从大到小摆放整齐，放进书包的大隔层里。

（3）清点好铅笔、橡皮、勾线笔，将它们放在文具盒中，文具盒收进书包最小层里。

（4）检查书包的开口拉链是否拉好。

（5）将幼儿整理书包的正确做法及不正确做法拍下来。

（6）教师根据录像对幼儿整理行为进行评价。

4.幼儿再次尝试整理书包。

（1）对照教师评价，自我检查书包整理情况，对不合理的地方及时调整。

（2）请个别幼儿展示自己整理的干净、整齐的书包。

5.活动总结。

（1）请幼儿表述整理书包的方法和步骤。

（2）师：小朋友们，今天我们学习了整理书包，以后我们每天都要自己整理小书包和物品，还要帮助爸爸妈妈在家中整理其他物品。

6.活动延伸。

（1）整理书包比赛活动。

（2）幼儿整理班级区角里的物品，有序摆放。

（3）请家长指导并要求幼儿每天整理自己的小书包。

 # 收南瓜

吴小梅

活动目标：

1.学习南瓜的采摘方法，尝试合作摘南瓜。

2.体验分享收获的快乐。

活动准备：

儿童剪刀、篮子。

活动过程：

1.导入，观察辨别南瓜是否成熟。

提问：我们种的南瓜好多都成熟了，你们知道什么样的南瓜是成熟的吗？

小结：南瓜的瓜壳坚硬，表皮完全呈现黄色，颜色越深，其成熟度越高。

2.教师示范讲解南瓜的采摘方法。

提问：想自己动手把南瓜摘下来吗？怎么摘呢？

找到成熟的南瓜，两两配合，一个人手托着南瓜，另一个人拿剪刀去剪南瓜柄，剪下来后放在篮子里。

3.摘南瓜。幼儿分组摘南瓜，教师指导。

指导要点：

（1）判断南瓜是否成熟。

（2）做好合理分工。

（3）不伤到其他南瓜藤。

（4）摘下的南瓜轻轻放到篮子里。

4.运南瓜。

两个幼儿一组，合作将装有南瓜的篮子抬进教室。

5.整理物品，结束活动。

幼儿将南瓜放在指定位置，收拾整理工具，洗手，为接下来的《认识南瓜》活动做好准备。

6.收南瓜分享活动。

7.活动延伸。

（1）制作南瓜饼或南瓜汤圆。

（2）将制作好的南瓜分享给中小班的弟弟妹妹品尝，也可以把摘南瓜的方法和过程告诉他们，分享收获的快乐。

# 掰玉米

吴小梅

活动目标：

1.学习分辨玉米是否成熟的方法。

2.积极尝试掰玉米，体验分享收获的快乐。

活动准备：

小篮、箩筐、护袖、帽子等若干。

活动过程：

1.分辨玉米是否成熟。

和幼儿一起去种植区，观察玉米长势，引导幼儿通过观察玉米苞子和玉米须，辨别玉米是否成熟了。

师：找一找哪些玉米成熟了。

小结：玉米苞子和须已经变黑了，或捏一捏玉米苞子，明显感觉有玉米粒，说明玉米成熟了，可以掰回来了；玉米苞子和须是绿绿的，说明里面的玉米是嫩嫩的，还没有成熟，现在不能摘。

2.学习掰玉米方法。

提问：想吃玉米吗？那我们今天自己动手掰回去，让食堂阿姨帮我们煮好吗？

提问：怎么掰呢？

（1）选择成熟的玉米棒。

（2）老师示范掰玉米：一手扶着玉米秆，一手将玉米苞子扭一扭，再用力往下掰。

3.幼儿掰玉米，教师指导。

指导要点：

（1）辨别玉米是否成熟。

（2）一定要扶好玉米秆，防止用力过大把玉米秆拽断。

（3）掰不动时把玉米棒扭一扭。

（4）一个人掰不动时，可以请人帮忙。一个人扶玉米秆，一个人动手掰。

（5）够不着的玉米可以站在小椅子上掰。

4.运回玉米棒。请幼儿将装有玉米的小篮子拎进教室，拎不动的可以两两合作抬进去。

5.煮玉米棒。先剥去玉米的外衣，再洗干净，送到厨房，请阿姨帮忙煮。

6.活动延伸。

（1）一起品尝煮熟的玉米棒。

（2）送给小班弟弟妹妹和食堂阿姨、保安师傅品尝。

（3）晒玉米棒，掰玉米粒，磨玉米粉，收集玉米芯。

（4）了解玉米其他知识：可供食用（煮玉米棒、爆玉米花、剥粒炒菜等），玉米含大量维生素和胡萝卜素，有健脑作用；可用于工业（用来酿酒，制淀粉、糖浆、葡萄糖、塑料、酒精等）；可用来榨油（玉米油是一种优质食用油）；可用作饲料（玉米全株都可作饲料用，有"饲料大王"的称号）。注意，已霉变的玉米不能食用，里面有许多有害物质。

教育案例选

1

小班部分教育案例

叠衣服

吴小梅　丁琳

我们班许多幼儿午睡之前愿意在老师引导下尝试叠衣服，但是叠衣服的方法掌握不够好，经常有幼儿叠不好衣服，直接将衣服塞到枕头下面。于是，我们班针对叠衣服组织了一次集体活动，主要是通过口诀帮助幼儿掌握叠衣服的方法。以下是我们对李某叠衣服情况的记录。

活动实录一：

1.活动过程。

准备午睡了，小朋友们都在叠脱下的衣服，李某怎么都叠不整齐。我凑近一看，原来袖子脱反了，所以他翻来覆去却怎么都完成不了叠衣服口诀第一步。我提醒他："你的袖子是什么颜色啊？""黄色的。""我看怎么是黑白条纹的？"他说就是黄色，为了证明自己，他开始想方设法把袖子翻过来举给我看：就是黄色的。

2.活动分析。

李某动手能力较差，特别是生活自理方面，他总是说"我不会"。从观察到的情况来看，他已有主动叠脱下来的衣服意识，也熟悉叠衣服的步骤歌，并能按步骤叠衣服。但因上衣袖子脱反了，导致叠衣服任务完成得不是很顺利。

在处理李某衣袖脱反的问题上，我并不是直接告诉他正确做法，而是选择间接启发式指导。通过提问，首先让李某发现袖子是反的，再想办法翻过来，为完成叠衣服的第一步做准备。

活动实录二：

1.活动过程。

第二天午睡时，李某上衣袖子又脱反了。这次他意识到自己脱反了，主动翻袖子，但一直翻不出来。"我有一个好办法，你来试一试。"我一边讲一边示范："小手伸进袖子里，抓紧袖口准备好，用力一拽就出来了。"李某在我的指导下，顺利翻出衣袖。但是到了第二步，上衣拉链两侧还没整理好，他就开始叠衣服了，我又提醒："'大门'有没有关好啊？"于是他又整理"大门"。看起来还是不太整齐，我建议他看看王某怎么整理"大门"的，王某示意并说："这样把拉链拉起来。"他抬头看看我，得到我的肯定后，他试着把拉链拉起来，完成了叠衣服的第二步。

2.活动分析。

李某已经意识到衣袖反了要翻过来，但是没有掌握好正确翻衣袖的方法，此时我直接介入，告诉他并示范正确翻袖子方法。他在直观经验影响下，很快就学会了翻袖子。对于"大门"没整理好的问题，我就地取材，请他看其他小朋友怎么做。同时启发他遇到困难时可以向他人寻求帮助，多观察多向同伴学习，坚持完成任务，而不是感觉自己叠不好就直接塞到枕头下面。

今天叠衣服活动第二步完成得比较顺利，李某经过老师引导，仔细观察王某叠衣服动作，主动尝试，坚持自己完成叠衣服这一任务，动手主动性、坚持性都有所提高。

活动实录三：

1.活动过程。

放假回来了，李某上衣袖子又脱反了，这次他熟练地把袖子翻好了，第二步开始整理"大门"了，今天他穿的是纽扣式的上衣。开始时他有点着急，但是思索了一会便开始扣纽扣，顺利完成整理"大门"这一步。但是袖子没有折好，我用儿歌的语言提醒："两只小手抱一抱，水平对折。"他认真尝试，终于整齐地叠好衣服了。

2.活动分析。

放假回来，我担心李某忘记怎么叠衣服了，结果他非常流畅地完成了翻袖子这个步骤。他今天穿的是一件纽扣式上衣，整理"大门"难度增加了。因为他平时动手能力偏弱，遇到困难总是喜欢放弃，所以在他面对纽扣停下来的时候，我准备过去帮助他了，却惊喜地发现他能尝试扣纽扣，并在口诀提醒下整齐叠好衣服。

我对李某自理能力识别还不够准确，用固定思维判断孩子行为，李某的实际表现引起我的反思：对幼儿应该要充分相信，对他们多提"够一够，摸得着"的要求，相信他们能够完成。

经过一个月的坚持，李某叠衣服问题已经基本得到解决。解决过程一是发现问题，如上衣袖子反了不知道如何处理；

"大门"整理不好；袖子整理不好。二是运用策略。上衣袖子脱反了，我运用讲解示范的方法，讲解是让幼儿知道方法，示范是让幼儿直接模仿。"大门"整理不好，我及时提醒他向同伴学习；袖子整理不好，我直接用儿歌语言提醒。指导方法从直观到抽象，从直接到间接，从观摩到观察。

为培养全班幼儿养成良好的睡前叠衣习惯，掌握叠衣方法，我在区角投放了小衣服，游戏时间幼儿根据需要练习叠衣服。在口诀的帮助和不断的实践下，班里绝大部分小朋友都可以整齐地叠好衣服了。

 # 整理玩具

吴小梅　汤玮

活动实录一：

1.活动过程。

星期四下午区域活动结束时，只有一小部分幼儿在收玩具，许多幼儿任由玩具散落在桌子上、地垫上，直接去上厕所等。

2.活动分析。

幼儿没有收纳玩具的习惯主要有两个原因：一是幼儿整理玩具的意识不强，缺乏主动性，还没有养成主动收拾玩具的习惯。二是一些区角玩具材料的种类和数量较多，且形状和大小各异，小班幼儿整理起来有难度。

3.支持策略。

教师行为示范。在日常生活中教师坚持"东西哪里拿，放回哪里"，保持幼儿在园环境整洁、有序。教师用言行感染幼儿。

开展集体教学《我会整理玩具》。通过阅读绘本《小浣熊找玩具》，幼儿明白了不整理玩具下次玩就很难找到自己要的玩具，强化主动收纳玩具的意识。

每次游戏后提醒幼儿收纳玩具，并通过奖励贴纸的方式，对主动收纳玩具的幼儿予以鼓励。

制作玩具标志牌。为便于幼儿准确分类收纳，我们制作了玩具图标，贴在玩具柜和收纳筐上。幼儿可以根据对应的图标将玩具一一归类收纳，并尝试有序整理和摆放。

活动实录二：

1.活动过程。

区角活动结束信号发出后，大多数幼儿都开始积极整理、收拾自己所在游戏区域的玩具和游戏材料，但还有几个孩子仍然在玩，没有停下手中的玩具。等幼儿收拾得差不多后，我到各区检查玩具的收拾情况，发现"娃娃家"里到处都是"锅、碗、瓢、盆、蔬菜、水果、包子、饺子、'娃娃'"等。大家一起"举报"说是朱某把这些东西扔到地上的。我四处寻找朱某，发现他正蹲在"娃娃家"的桌子底下捡玩具。我调整情绪，平静地对他说："你先把地上的菜、餐具都收拾起来吧！"他使劲地点点头并埋头收拾着。

2.活动分析。

通过四个策略支持，班级里大多数幼儿已有游戏结束后收纳玩具的意识。但是幼儿的发展存在个体差异。听到收玩具的信号后，有些幼儿迟迟不动手收拾，觉得多玩一分钟也好，导致收拾玩具的时间延长、其他幼儿消极等待现象。

朱某是个案，首先从扔玩具的行为看，他缺乏爱惜玩具的意识。但从他主动收纳玩具并坚持收拾好玩具的行为来看，他认识到乱丢玩具是不对的，也知道丢的玩具要捡起来。在看到朱某认真并坚持收玩具时，我及时调整情绪，要求他完成任务，坚持把地上玩具都收好。

3.支持策略。

强调规则。选取一首音乐作为收玩具的信号，音乐声一响起就要开始收拾玩具，并强调如果不及时收拾玩具就要停止游戏一次。

个别化教育。朱某乱扔玩具但能用行动主动纠正错误，我及时调整策略，没有批评他，同时提出扔出去的玩具要全部捡起来的要求。既允许孩子犯错，又让孩子明白犯错就要改正的道理。

让先收纳好的幼儿到其他区角检查，带动全体幼儿进行有规律的收放，以培养幼儿良好的收纳习惯。

活动实录三：

1.活动过程。

随着收玩具的音乐声响起，朱某和施某开始在建构区收起了玩具。朱某说："我来收这边，你收那边吧。"在收纳过程中，朱某拿起粉笔盒把它放在了柜子的最里面，然后一个挨着一个放。施某则把地上的粉笔盒拿起来，看柜子有空的地方就放。朱某看见了就说："不是这样子收玩具的，你要把玩具放到里面，一个一个摆摆好。"施某点了点头，随后施某跟着朱某一个一个地把粉笔盒摆放整齐。

2.活动分析。

本阶段，幼儿已有分类收纳玩具的意识，每个幼儿都知道玩具从哪里拿放回哪里，但是对如何摆放整齐还不是很清楚。

我将整齐收纳和无序收纳的情况都进行拍照，将两组照片放大请幼儿比较感受，让幼儿直接感知收纳应该把相同或类似的放一起，有规律、归类、有序地摆放，方便取拿，每次收纳玩具的时候，我都通过不同方式提醒幼儿归类摆放整齐。

活动实录四：

1.活动过程。

这天游戏时，许某说："我家里也有好多玩具。"我问："那你有没有把它们都摆放整齐？"他肯定地说："放整齐了。"我及时抓住契机，问全班幼儿："你们在家玩玩具后会不会自己整理？是不是和在幼儿园里一样，玩好就要收起来？"

第二天入园，施某一看到我就大声说："老师我在家收玩具了！"于是我们班幼儿收纳的习惯和收纳能力开启家园共育模式。

2.活动分析。

培养幼儿收纳玩具的习惯和收纳能力，我们班经历了"没有收纳意识—养成收纳意识—看标识分类收纳—整齐有序摆放—家园一致养成"收纳习惯几个阶段，孩子在实际生活中逐步养成收纳习惯、提高收纳能力。对过程中出现的负面案例，我针对具体情况，既包容孩子的不足，也对孩子提出了严格要求，让孩子在接纳中养成规则意识和任务意识。

 # 捡树叶

吴小梅　张群

1.活动过程。

晨间活动时间，小妍指着教室外面大声说："地上有好多树叶！"听她这么一说，大家纷纷关注窗外，开始七嘴八舌地讨论起来。我顺势提问："为什么一夜之间地上多了这么多树叶？"孩子们认真讨论后得出结论：昨晚起大风，是风把树叶吹下来的。我觉得这是一次很好的劳动机会，就鼓励孩子："这么多树叶在地上，我们出去做操，出去玩都不方便了。我们去把它们捡起来好不好？"孩子们很兴奋。大家立即行动起来。一会儿，小妍拿着一片树叶跑过来跟我说："老师，我捡了一片大树叶！""嗯，的确很大，"我及时回应她。"你再去找找，看有没有跟它一样大的树叶，也把它捡起来。"她又去开心地捡树叶了。

"老师老师，你看看我捡的树叶。"小凡举起手上的树叶给我看。"你捡了几片树叶呀？"我问她。她蹲下来，把树叶放在地上，一片一片地数起来，数完，她站起来朝我伸出了三根手指，说："3片，我捡了3片树叶！"我朝她竖起了大拇指说："那你能捡5片树叶吗？"她重重地点了点头，然后又去捡树叶了。过了一会儿，小欣跑过来说："老师，这个树叶放哪里啊?""你帮忙想想办法。"她想了想，跑进教室，抱出来一个垃圾桶，然后跟其他小朋友说："把树叶放在垃圾桶里!"孩子们纷纷把手上的树叶放进了垃圾桶，只有许某站在旁边没有动，我问他原因，他低着头小声地说："我的树叶还有用呢。"我问他想用树叶干什么，他说想用树叶画画。我摸了摸他的头，笑着回答他："可以的，那你把树叶拿回去吧!"他笑着跑进了教室。

2.活动分析。

抓住教育契机，因势利导。捡树叶并不是小班预设的教学课程，但好奇是孩子的天性。当孩子发现平时干净的户外活动场地上躺满树叶时，十分兴奋。我因势利导，鼓励孩子去捡落叶，培养劳动兴趣，创造劳动机会，让孩子出出力。

基于幼儿已有经验，确定目标。对孩子而言，捡落叶是一场特别的户外游戏，主要兴趣在参与过程，对于捡多少落叶，怎么捡落叶，落叶捡起来放在哪没有具体计划和任务意识。

针对小班孩子初次尝试为集体劳动的心态，我重点激发孩子参与劳动兴趣，没有刻意强调具体任务。对是否捡干净、捡哪些地方落叶、每个人捡多少、捡好的落叶怎么处理没做具体要求。

尊重孩子个体差异，分层提要求。当有孩子向我展示捡的大树叶时，我先肯定了树叶的确很大，鼓励了孩子的积极性，然后再让她尝试去捡一样大的树叶，既巩固"大小"数学概念，同时增加了孩子劳动量，养成初步任务意识。

当孩子把3片树叶拿到我面前并能准确点数时，我在肯定他的同时，提出捡5片树叶目标任务。一是在正确点数3的基础上学习点数5以内的数；二是通过增加数量挑战更多的任务，增加劳动量。

当孩子问到树叶往哪放的时候，我向孩子示弱，请孩子"帮忙"想办法，把问题抛给孩子，增强了孩子的责任感和自信心，提高孩子积极思考解决问题的能力。孩子很好地迁移扔垃圾的生活经验，找来垃圾桶装树叶。

当个别孩子处理落叶有自己的想法，被发现后小声回应，显得不自信时，我肯定并支持了他的做法，支持孩子对问题、对事物有自己的见解和主张，支持孩子个性化发展。

认真观察，不断反思。很多孩子在捡树叶时，会把树叶抓在手里，有些干树叶就会被捏成碎渣掉落在地上，更难清理。我没有考虑到干树叶的易碎性，没有针对如何拿树叶提出具体要求。

组织讨论，有效支持。在本次活动后，我组织一次谈话活动，针对捡树叶活动中出现的一些问题进行探讨。例如：捡干净的标准是什么？一个垃圾桶装不下怎么办？垃圾桶里的树叶往哪倒？根据探讨的结果再组织一次捡树叶活动，以游戏的形式比一比谁捡得多，让孩子在游戏中劳动，丰富孩子的生活经验，培养劳动意识，让孩子喜欢劳动、会劳动。

2

中班部分教育案例

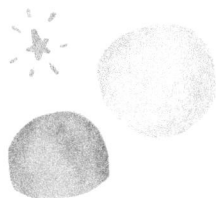

蚕宝宝养成记

吴小梅　钱文凤

1.活动缘起。

春日，万物复苏，动物开始孕育新的生命。根据中班劳动课程安排，我们班开展养蚕活动，旨在通过养蚕活动，体验养蚕劳动的乐趣，学习养蚕的方法，了解蚕宝宝的生命周期，以及蚕宝宝在不同生长阶段的外形特征和生活习性及蚕丝的作用等。

2.活动过程。

（1）蚕的千百问（调查表）（见图2-1）。

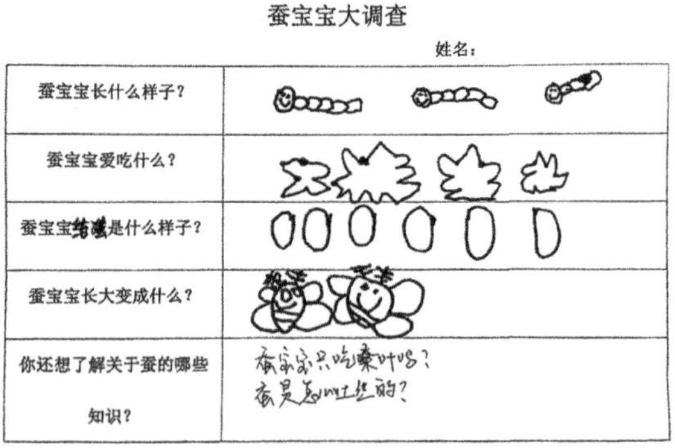

图2-1　蚕的千百问

小结：通过分享和讨论，我对幼儿兴趣点进行了整合：

蚕宝宝怎么长大的？蚕宝宝睡在哪里？蚕除了吃桑叶还吃其他东西吗？蚕宝宝是怎么变成飞蛾的呢？蚕宝宝需要每天喝水吗？蚕是怎么吐丝的？

带着一系列问题，我们开始养蚕。

（2）初见蚕卵。

4月16日，网购的蚕卵到货，涵涵拿着放大镜对准蚕卵观察："好小呀，黑黑的，也太多了吧！"

蓝蓝："比小蚂蚁还小呢，哈哈！"

师："这就是蚕卵，它需要一个温暖、舒服的家，才能生出蚕宝宝。你能帮它们建房子吗？"

茜茜带过来的一次性透明便当盒被选为最合适的家，盒盖上的孔，既能透气又能防止外物的干扰。大家用柔软的纸巾垫在盒底，然后小心翼翼地将蚕卵放入饭盒里。接下来的几天，一到幼儿园，幼儿就迫不及待地看看蚕宝宝出生了没有。

4月23日一早，琪琪大叫道："蚕卵的颜色有点变了，变成灰色的啦。"其他小朋友也围过去，发现蚕卵的颜色发生了变化。

师："那就说明蚕宝宝真的快要出生啦！"幼儿每天都认真观察、记录着蚕卵的变化，期待蚕宝宝的诞生。

（3）蚕宝宝出生了。

4月26日，孩子们发现蚕卵变成了密密麻麻的黑东西。

茜茜："老师，是蚕宝宝出生了吗？"

源源："毛毛的，就跟小蚂蚁一样。"

师："刚出生的蚕宝宝黑黑的，像蚂蚁一样，所以我们叫它蚁蚕。"刚开始，有些孩子特别害怕，渐渐就开始喜欢了，每天都会去看蚕宝宝。

雅雅："蚕宝宝长大了一点了。"

依依："还是很小，但是变白了。"

茜茜："不对，是青白色的。"

师："现在蚕宝宝的身体有一点发绿，我们叫它一龄蚕。我鼓励幼儿记录下蚕卵到一龄蚕之间的变化。"

（4）喂养蚕宝宝。

①蚕宝宝吃什么呢？

涵涵："我爸爸说，蚕宝宝最爱吃桑叶。"

钱某反驳："它那么小，又没有牙齿，怎么吃呀！"

左某："会不会也吃别的叶子呀？"

师："我们可以验证一下。"

幼儿将不同的叶子投放到蚕盒里，结论是蚕宝宝真的只爱吃桑叶。

②饮食卫生。蚕宝宝吃桑叶要注意些什么呢？

涵涵："我和爸爸上网查了，蚕宝宝不能吃带有水的桑叶。"

师："蚕宝宝只吃新鲜的桑叶，而且桑叶必须干净、不能有水，如果桑叶不干净或者上面的水没有擦干净，蚕宝宝吃了可能会生病，甚至会死亡。"

经商定，后期请家长帮忙，幼儿每天离园后，轮流去摘取桑叶，第二天早上带到幼儿园。他们先挑出嫩绿的叶子，拿着纸巾一片一片仔细地把桑叶上的水擦干净后再喂给蚕宝宝吃。蚕宝宝在小朋友们的喂养下越长越大。

（5）处理蚕便便。

琪琪："老师，盒子里黑黑的是不是蚕宝宝的便便呀？"

师："是的，有没有人愿意帮助蚕宝宝清理便便呢？"

琪琪："老师，我愿意，可是怎样清理呀？"

师："先准备一个干净的盒子，用羽毛和镊子轻轻地把蚕宝宝放到干净的盒子里，然后把盒子里的便便处理干净就行了。"

由于蚕宝宝很小，刚夹起的蚕宝宝一不小心就会掉回到脏盒子里，但琪琪还是耐心地将所有的蚕宝宝转移到干净的盒子里，然后把旧盒子里的便便倒入垃圾桶。

（6）周末带蚕宝宝回家。

周末我们都放假了，谁来照顾蚕宝宝呢？于是，一场"带蚕宝宝回家"的招募活动开始了。幼儿积极地认养，最后，我们决定分组分量请幼儿周末认养。

（7）给蚕宝宝筑支架。

师："蚕宝宝越来越大、越来越肥，身体开始发黄了，要吐丝、结茧了。蚕宝宝吐丝需要支架，你们可以帮忙吗？"

小朋友立即行动，小宇用几根铁丝纵横交错并用绳子固定好，放在盒子里，做隆起的支架；琦琦和花花用一些硬卡纸，折叠成了长条，然后交叉放好，形成一个立体支架；诺诺则用树枝给蚕宝宝搭架，等待蚕儿吐丝结茧……

（8）测量蚕宝宝。

师："现在的蚕宝宝身长已经达到最长值，到底有多长呢？"我鼓励幼儿量一量。

琪琪拿出一条蚕宝宝放在手掌心，拿着尺子认真地测量："老师，你看，它有6厘米了。"

（9）蚕宝宝结茧了。

5月21日午睡起床后，琪琪大声叫了起来："老师，你快看，蚕宝宝吐丝了，白白的，长长的。"大家听后纷纷来看蚕儿吐丝。

5月24日，蚕宝宝结茧啦，幼儿迫不及待地想摸一摸、看一看蚕茧。

琪琪："看起来有点像棉花糖。"

茜茜："摸起来有点硬，但又有点软。"

小凡："上面还有白色的蚕丝呢。"

琪琪摇了摇蚕茧："里面有咚咚咚的声音呢。"

为了一探究竟，我们剪开蚕茧，发现里面是蚕宝宝，身体已经变黑蜷缩在一起了。

师："再过几天，蚕宝宝就要破茧成飞蛾啦。"

（10）破茧成蛾。

6月9日，幼儿惊喜地发现：蚕宝宝变成飞蛾了！他们还发现蚕茧上有个洞洞，飞蛾从蚕茧里爬出来了。

辰辰："老师，蚕茧旁边为什么会有很多的黄色液体呀，难道是蚕宝宝流血了吗？"

诺诺："这只蚕蛾为什么不动呀？它已经长出翅膀了，为什么还不飞走呢？"

师："蚕出茧时会吐出一种姜黄色或者红色碱性液体溶解黏着的丝胶，使丝分离，它才能破茧成蛾。而且蚕破茧需要很多体力，它们现在需要休息，是不会飞走的，接下来它们还要生宝宝呢。"

幼儿很好奇，很耐心地等待。

（11）迎接新生命——蚕卵。

生生："老师，你看，两只飞蛾在打架。"

年年："它们是在结婚，不是打架。"

第二天，幼儿发现飞蛾生了很多卵，黄黄的，密密麻麻的。幼儿还发现，飞蛾产完卵就死掉了。幼儿都说："飞蛾爸爸和飞蛾妈妈为了自己的宝宝太伟大了。"

（12）我们的收获。

至此，蚕宝宝的饲养活动已接近尾声，新生命——蚕卵是本次饲养活动最直接的劳动成果，我和幼儿将这些新的蚕卵用保鲜盒装好，放在冰箱里保存着，期待明年春天新一轮的孵化。

3.活动延伸。

（1）神奇的蚕丝制品。

蚕丝在我们的生活中有很广泛的用途，比如，制作蚕丝衣服、围巾、被子、面膜……

请幼儿寻找生活中的蚕丝制品。

（2）手工：可爱的蚕宝宝。

4.活动反思。

50天左右的养殖活动过程中，幼儿全程参与蚕宝宝养殖调查、给蚕宝宝准备舒服的家、为蚕宝宝采桑叶、清理桑叶、喂养蚕宝宝、处理蚕便便、给蚕宝宝筑支架、节假日积极地认领照顾蚕宝宝的任务，始终保持着积极的饲养兴趣和态度。尤其是喂养蚕宝宝、给蚕宝宝处理便便活动，是非常精细的劳动。在处理便便时面对一次又一次的清理失败，幼儿并没有抱怨和放弃，而是坚持完成任务，体现了幼儿积极坚持劳动的良好品质。

幼儿每天坚持观察、喂养蚕宝宝、给蚕宝宝处理便便的劳动习惯和坚持劳动的良好品质。在此过程中，幼儿一直在用自己的方式表达对蚕宝宝的喜欢，在观察、比较、分析中发现蚕在不同生长阶段的外形特征和生活习性，在每天观察、记录、照顾它们生长的过程中，体验到养蚕人的劳动艰辛。且培养了幼儿的观察能力、交往能力、科学探究能力以及照顾动植物的耐心和责任心。幼儿一路体验着劳动的快乐和收获的喜悦。蚕宝宝的饲养活动接近了尾声，养殖收获的新蚕卵，留待明年春天新一轮的孵化。

3

大班部分教育案例

玉米种植记

吴小梅　钱文凤

活动起源：

今年，我们班级申领了一块种植基地，玉米是幼儿常见爱吃的美味，于是，种植玉米计划就此诞生！

活动准备：

种植地、劳动工具、玉米种子、肥料、玉米种植调查表（见图3-1）。

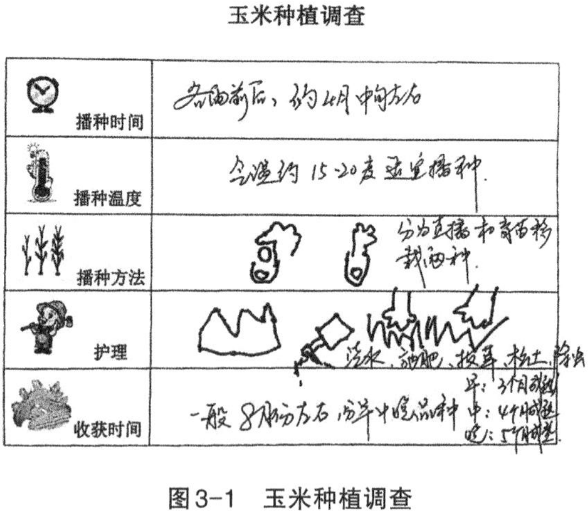

玉米种植调查

图3-1　玉米种植调查

活动过程：

1.认识种子。

师：大家来看看玉米种子吧！

幼：怎么是紫色的？上面还有红色的东西，和我们吃的玉米不一样。

师：玉米的品种很多，不同品种玉米种子也不同。这是糯米玉米，而且这些种子是经过药水浸泡过的。

幼：为什么要用药水浸泡呢，药水是有毒的呀？

师：主要是为了防止种子被土壤里的小虫子吃掉，上面红色的粉末是用来驱虫的。

活动分析：观察实物玉米种子能激发幼儿种植的兴趣。教师对幼儿讲解不同玉米品种，帮助幼儿直观了解玉米种植的相关知识，不断积累经验，并在此基础上进行新的探究活动。

2.整地活动。

4月16日早晨，我带着幼儿来到种植基地。

幼：这就是我们要种植玉米的地方吗？草也太多了吧！

幼：怎么种呀？

师：现在温度还有点低，种下去不容易发芽，我们先整地吧。

幼：怎么整呀？

师：先拔草，再把地翻一翻。

幼：翻一翻？什么意思？

师：来，大家踩上来试一试，有什么感觉？

幼：老师，好硬呀，还有很多小石头在里面。

师：玉米种植需要松软的土地，我们先把草拔干净，把石头捡掉，再用锄头、铲子来松土。

于是，幼儿迫不及待地戴上帽子和手套，然后开始拔草、除草、翻土。

活动分析：幼儿对种植环境的了解是开展种植活动的前提。通过拔草和松土活动，幼儿直观体验到劳动过程。

3.活动过程：播种。

4月20日，谷雨时节，我们开始播种啦！

幼：是不是挖个坑，把种子丢进去就行啦？

师：玉米种植很讲究，需要条播。

幼：什么是条播呀？

师：玉米就像我们的小朋友一样，它们喜欢排排队生长。这块地我们可以种成两排。

幼：它们又不是人，为什么要排队呀？

师：不仅要条种，而且每两株玉米之间还要保持一定的距离，给长大的玉米预留出生长空间。就像我们做早操一样，要前后保持距离，身体才能伸展开来，不会碰到其他人。

教师示范种植：我们从这里开始，每隔一段距离，挖一个坑，然后放两三粒种子进去，最后轻轻地把土填回去就行啦。

幼：老师，我们又没有带尺子，怎么量距离呀？

师：可以用我们的小手掌量，差不多约4个你们的手掌长度就行了。

幼儿跃跃欲试。

幼：老师你看，陈某用脚量。

师：可以的，差不多三个脚掌长度就行。还可以用什么测量？

幼：老师，看，这个树枝行不行？

有些幼儿拿来树枝测量间距（见图3-2）。

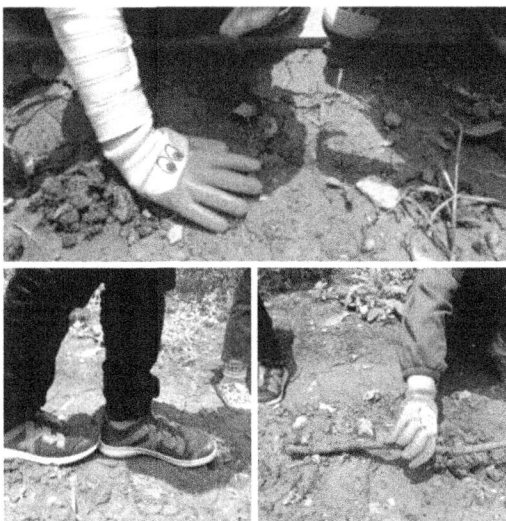

图3-2　测量间距

幼：老师，你看，他放了许多种子。

幼：我奶奶也说了，只能放两颗或者三颗！

幼：放多一点，不就多长一些玉米吗？

师：只要放两三颗就行啦，放多了挤在一起不容易长大。

幼儿仔细点数着玉米种子，他们用自己的方式测量着两棵玉米的间距，然后拿起小铲子，开始播种。

幼：好累呀！

幼：我腿都酸了！

幼：看我头上全是汗……

我趁机给他们讲讲农民伯伯辛勤劳动的故事，鼓励他们坚持完成玉米播种。

师：今天你们表现都很棒，第一次种玉米很累，但是你们坚持下来了！接下来，你们可要好好照顾它们哦。

活动分析：孩子们在播种的过程中，学习劳动工具的使用，学会了"条播"，还学会了用手掌、脚、树枝等工具进行测量。天气很热，出力很累，但幼儿在我的鼓励下坚持完成播种工作，体验到劳动的辛苦，也感受到种植的乐趣。

4.种子发芽啦。

幼儿每天都会去玉米地观察（见图3-3）。

幼：我们的玉米发芽啦！

幼：它们好小，好可爱呀！

老师旁边的怡怡有些失落：老师，为什么我的种子没有发芽呀？

师：种子发芽也有快慢的，种子种得深一点的，可能出芽就慢一点，过两天可能会出芽，我们再等等。

幼：老师，你看，我这里发了三个芽。

幼：那说明你的三颗种子都发芽啦！

幼：老师，你上次不是说挤在一起会长不大吗？要不要拔掉？

师：等等再拔，有可能它们还有大作用呢！

图3-3　观察种子发芽情况

　　活动分析：怡怡发现自己的玉米种子没有发芽，有些失落，教师给予安慰并继续丰富种植经验，鼓励幼儿耐心等待。对于三颗种子都发芽的情况我没有急于让幼儿拔掉，也没有告知原因，是为后面"间苗"埋下伏笔。

　　5.间苗。

　　五一之后，怡怡：为什么我这里还是没有发芽？

　　师：还有多发的玉米苗，可以移栽到你那里，这就叫"间苗"或者"补苗"。

　　关于为什么要间苗，怎么间苗，孩子们激烈地讨论起来。

　　幼：我奶奶说，很多苗挤在一起，营养不够，所以要把多余的苗儿拔掉，留下一棵就行了。

　　幼：我妈妈也这么说。

　　幼：我婆婆家也有种玉米，她告诉我，要拔掉瘦小的，把大苗留着。

　　师：对，只有把多余的苗儿拔掉，留下强壮的苗，让它吸取更多的营养，才能长得更好。

　　于是，我们带着工具，来到玉米地，拔出多余小苗，选出好一点的苗，移栽到没有出苗的坑里。天气干燥，幼儿给玉米苗浇了水。

　　活动分析：种植的学问很多，孩子在参与体验过程中丰富了种植知识，种植过程中会遇到很多问题，我们充分利用家长资源，鼓励幼儿积极探索答案，在解决问题的过程中体验获得感、成就感，激发幼儿更高的劳动热情。

　　6.拯救被吹倒的玉米苗。

　　连续几天的刮风，孩子们很担心玉米苗！

　　幼：看，玉米都被吹歪了！

幼：它们会不会死掉呀？

师：我们可以来拯救这些歪倒的玉米苗。

幼：我们把它们扶正不就行了。可是不一会玉米苗又歪了。

幼：我有好办法，可以在歪倒的玉米苗旁边插上一根棍子，用绳子把玉米苗固定在棍子上，它就不会倒了！我看过我奶奶种花也这样做的。

活动分析：幼儿发现玉米苗倒了非常着急，主动尝试解决问题，通过家长种花经验的迁移，用棍子辅助，成功地扶正了玉米苗。幼儿照顾玉米苗的主动性、积极性越来越高，种植经验进一步丰富。

7.我给玉米量身高。

幼儿发现玉米长高了很多。

师：请你们回家选择一种测量工具，明早大家一起来测量下玉米的身高吧！

第二天，幼儿带着各种测量工具来到玉米地，佳佳一只手将皮尺从玉米根部量起，一只手沿着玉米秆往上拉皮尺。

师：是42厘米高。

涵涵：这株玉米有3个话筒高了。

茜茜：老师，我这一株有绳子这么高。

师：为什么有的高一些，有的矮一些呢？有的壮一些，有的瘦一些，有些玉米叶子有些微微发黄，需要我们怎么做呢？

幼：要施肥，我奶奶的地里经常施肥，她说施肥长得快。

幼：是不是要晒太阳，晒太阳会长高。

幼：玉米肯定和我们一样，也要吃饭。

幼：它又没有嘴巴，怎么吃饭，喝水吧。

带着疑问，我请幼儿回家请教有经验的家长。

活动分析：考虑中班幼儿测量水平，幼儿可以自主选择非标准化测量工具，体验测量的趣味，也掌握了一些简单的测量方法。同时发现玉米生长状况的不同，并引导幼儿讨论玉米生长需要什么。

8.除草、施肥。

幼：我妈妈说玉米苗就像我们小朋友一样，也要补充营养。

幼：对，施肥，玉米长得快。

师：施肥后，玉米就会快快长高，怎么施肥呢？

我鼓励幼儿去请教幼儿园的管理员胡爷爷：把肥料施在离玉米根部远一点距离的地方，不能紧挨着根部，不然很容易烧死玉米苗。玉米地里长出许多小草。要先拔草，再按照胡爷爷的方法施肥。

回到教室后，幼儿主动将弄脏的手套清洗干净，晾晒在阳台上。

活动分析：天气越来越热，除草、施肥时，幼儿个个忙得满脸通红，但是这次幼儿专注干活，没有一个孩子喊热、喊累，且劳动之后能及时清洗手套，劳动态度和劳动习惯悄然变化。

9.玉米结苞啦。

6月18日，孩子们兴奋极了："玉米长出来啦。"

"玉米还长出了毛毛耶。"

"这是玉米的胡须吧，哈哈。"

"这个毛毛有点像毛线。"

有些小朋友们高兴地和玉米比身高。玉米现在比他们高多了。

10.收获玉米。

经过两个多月的精心呵护，玉米地里长满了硕大饱满的玉米。看着自己用辛勤的汗水得来的劳动果实，幼儿既兴奋又开心。7月7日，终于到了玉米收获的日子，准备摘玉米啦！男生、女生分组来比赛。孩子们迫不及待地拿着篮子来到玉米地，开始掰玉米。只见杨某两只手抓住玉米就使劲往下拽，秸秆都快要被他拉倒了，但玉米依然牢牢"黏"在玉米秆上。他大喊：哎呀，怎么掰不下来呀？见状，我给了一个示范动作，点拨了这群兴奋的幼儿，幼儿立刻明白了。只见他们一只手抓住玉米秆，另一只手抓住玉米棒，朝一个方向拧动，再往下一掰，玉米就被成功掰下啦！一颗颗沉甸甸的玉米果实被高高举起，幼儿无比惊奇和喜悦，激动的神情无以言表。

数一数（见图3-4），比一比，哪一组掰的玉米多。

图3-4 数玉米

活动分析：收获是幼儿最期盼的活动，感受劳动收获的喜悦也是种植活动中的重要环节，付出才有收获，幼儿的成就感油然而生。掰玉米对于大多数孩子来说或许是第一次体验，在此次收获果实的过程中，幼儿不仅学会了掰玉米的劳动技巧，体验到种植劳动的艰辛，激发了幼儿尊重劳动、珍惜劳动果实的情感，且孩子们在收获的过程中，还深刻体验到了劳动收获的成功喜悦。愉快的劳动收获体验激发幼儿更高的劳动热情和兴趣，为幼儿今后积极参与其他劳动奠定了基础。同时，幼儿在收获玉米的过程中，自然进行观察、比较、计数等活动，感受事物的数量关系。

11.分享劳动成果。

和家人一起分享自己的劳动成果。

制作玉米比萨（见图3-5）。

图3-5 制作玉米比萨

活动分析："分享劳动成果"不仅仅是让幼儿品尝自己的劳动成果，更是让幼儿享受由劳动成果带给他们的满足感和自豪感。

艺术是人类感受美、表现美和创造美的重要形式，也是表达自己对周围世界的认识和情绪情感的特有方式。幼儿通过绘画、手工表达自己的劳动喜悦之情。

摘黄瓜

吴小梅　方兰霞

活动过程：

今天户外活动时，大班部分幼儿来到种植区观察植物，畅畅小朋友兴奋地问我："老师，你看，黄瓜好大呀，它成熟了，我可以摘它吗？"经过我同意后，他从美工区拿来了一把小剪刀，从农家乐里拿来了小簸箕。他先瞄准了旁边一根大黄瓜，右手抓住黄瓜头，左手伸出小剪刀，轻轻地剪断黄瓜的柄，顺利地摘下了第一根黄瓜。

接着他又找到了第二根黄瓜，用同样的方法，很快摘下来了。他边拿着黄瓜边说："这根黄瓜比较小。"

他继续找，找到了第三根长在两根藤条之间的夹缝里的黄瓜。他左瞧瞧右瞧瞧，畏难地问我："老师，这根黄瓜头上没有秆子，怎么摘呀？"我说："不会吧，你可不能剪错秆子哟。"他说："剪错秆子，黄瓜就会死的。""你说得对。"他小心翼翼地一只手拨开叶子，顺着黄瓜从下往上找，找到了秆子，把剪刀伸进藤子里，终于摘下了第三根黄瓜。

摘下第三根黄瓜后，他从北边又转到南边来摘第四根黄瓜，黄瓜头上的秆子很快就剪断了，它伸手去拿黄瓜，被刺扎到了。他自言自语："这根难了难了，秆子上都是刺。"我鼓励他："想想办法。"他又试摘了一次，手又被刺到，还是没有摘到黄瓜。于是，他请来了嘉嘉帮忙，嘉嘉伸手去摘，也被刺了一下，采摘又一次失败。她换了一个方向，用剪刀拨动黄瓜，转换拿黄瓜的位置，抓住黄瓜的尾部，拎了起来，避开了秆子上的刺，这次顺利摘下了第四根黄瓜。

他们准备带着采摘的黄瓜回去时，我提醒他们："你们摘完了吗?"他们在泡沫箱外边又找到了一根黄瓜，畅畅兴奋地对着黄瓜说："差点把你忘掉了。"他们摘下第五根黄瓜，高高兴兴地把黄瓜放到篮里。

活动分析:

采摘黄瓜之前，小朋友们摘过豆角，对采摘所需的工具和采摘方法积累了一些经验。本次畅畅在观察黄瓜时，发现黄瓜成熟了，萌发了摘黄瓜的想法，我紧抓幼儿的兴趣点给予支持，创造幼儿劳动的机会，在采摘实践中培养幼儿主动参与劳动的兴趣，丰富采摘经验，提高采摘能力。

在采摘第一根黄瓜时，他能很快找到摘黄瓜的要点——剪断头上的秆子。基于摘豆角的经验，幼儿对黄瓜藤蔓、叶子、柄之间的联系有所了解，掌握了一定的采摘技能，采摘黄瓜时，没有破坏其他的藤蔓、叶等。

因有了第一次采摘经验，第二次采摘黄瓜比较顺利。在两次采摘体验中，幼儿通过眼、手判断了黄瓜的大小，脱口而出："这根黄瓜小。"

采摘第三根黄瓜时，因黄瓜头上的秆子在两根藤条的夹缝里不好找。幼儿遇到困难时及时向我求助，但我没有直接予以帮助，而是引导孩子自己解决问题。幼儿认真观察，最终扒开黄瓜藤叶，顺着黄瓜向上找到黄瓜头上的秆子，独立摘下了第三根黄瓜。

第四根是最大的黄瓜，这根黄瓜周围藤叶比较多。畅畅伸手采摘时，被藤上的刺扎了，但缩回手后又进行第二次尝试，结果还是失败了。在他有畏难情绪教师又不予帮助时，他仍然没有退缩，想到找好朋友嘉嘉来帮忙。嘉嘉也被刺了一下，她想到借用剪刀作辅助材料，转换拿黄瓜的位置，抓住黄瓜的尾部，拎起黄瓜倒着剪枝的方法解决了问题。

当他们漏掉了第五根黄瓜时，我及时做了一个小提示，他们转身回来找到了挂在泡沫箱外面的黄瓜，畅畅兴奋地对着黄瓜说："差点把你忘掉了。"幼儿与黄瓜的对话，这是幼儿对黄瓜爱的情感流露。

五根黄瓜采摘，均为幼儿积极主动行为，从幼儿主动与黄瓜对话的情境看，幼儿对劳动过程、劳动果实充满了真情实感。从劳动技能来看，幼儿使用剪刀方法正确，动作比较熟练。采摘过程中虽遇到找不到秆子和被刺扎等情况，也产生过畏难情绪，但均没有放弃采摘，通过观察、思考、向同伴求助等方式解决了问题，积累了一定的采摘经验，为今后采摘南瓜、冬瓜等大一些、重一些的瓜果做了准备。采摘过程中，幼儿积极主动、认真专注、不怕困难、敢于探究和尝试的学习品质也得到了很好的发展。

活动支持：

解决幼儿采摘带刺的瓜果蔬菜的安全问题。一是劳动工具提供上增加一些防护手套等物品。二是进行采摘带刺瓜果相关知识经验准备。如黄瓜摘好带入教室以后，教师引导幼儿去触摸黄瓜，感知黄瓜表面特点，青色的部分刺多，白色的部分刺少些。然后抛出问题：带刺的黄瓜，我们怎么摘？让幼儿展开讨论，让他们在讨论过程中习得采摘带点刺的瓜果、做好防护的经验。

充分利用采摘的黄瓜资源，进行五大领域综合学习。如让幼儿目测黄瓜数量，组织幼儿洗黄瓜、切黄瓜、制作黄瓜食品、品尝黄瓜。让幼儿在亲身体验中萌发劳动兴趣，并由采摘黄瓜相关知识经验迁移到更多瓜果蔬菜的采摘，提高采摘技能，鼓励幼儿对采摘活动进行简单表达，发展幼儿综合素养。

保护西红柿

吴小梅　方兰霞

活动过程:

今天户外活动时,子悠小朋友急匆匆跑过来拉着我往种植园跑:"老师,你快去看看,不知道谁把西红柿花枝弄断了!"

我把这根断的花枝拍了下来(见图3-7)。回到活动室后。我把"断枝"投到大屏上,请幼儿看:"这个西红柿花枝怎么了?"看着被折断的花枝,班级气氛一下子紧张起来。他们都说不是自己干的。为了缓和班级气氛,我说:"可能是其他班小朋友不小心弄断的吧。花枝被弄断了,就少结许多西红柿,好可惜呀!"抓住教育契机,我及时又向他们抛出一个问题:"我们可以怎么保护这些西红柿?"他们马上活跃起来。

图3-7　弄断的西红柿花枝

"可以围上栅栏。""挂个保护的牌子。""做个小房子。"
"施肥浇水不让它死掉。""要轻轻地摸。""做个稻草人。"

他们的说法特别多，我建议他们把自己的想法画出来。他们的想法给我无限惊喜：有用禁止标识的，有温馨提示的，有安装监控的，还有的搬到空中的……

活动分析：

陶行知的三颗糖的故事是一个经典的面对幼儿错误的处理办法，我很受启发。本次幼儿弄断西红柿花枝的失误或错误，我没有把这件事当成犯错来处理，也没有坚持查明断枝真相揪错不放，而是从保护植物的角度，积极引导幼儿，营造温暖、轻松的心理环境，给予了他们更多思考如何解决问题的机会，让他们自觉萌发保护植物的意识，积极参与到保护植物的行动之中。

本案例只是解决了思想上保护植物的意识，有了保护植物的计划，缺少了保护植物的实践过程。接下来，一是带孩子落实绘画保护西红柿植株的行动计划，二是借鉴农村田间地头"稻草人"经验，组织讨论怎样保护西红柿果实。这样就把乡土资源融入课程，同时让幼儿感受劳动人民的智慧和才干。

叶子发黄了

吴小梅　方兰霞

活动过程：

近日，我发现幼儿种的黄瓜部分叶子发黄了，他们并没有发现。于是，今天户外活动时，我给他们一个任务：找找哪些黄瓜藤上有黄叶。小朋友迅速去找，"老师，这里有。""老师，我这里也有。"

"叶子为什么会变黄呢?"

微微："太阳晒的。"

晨晨："缺营养了。"

畅畅："它老了。"

老师说："你们说的可能都对。我们先来看看这两棵黄瓜吧。它们有什么不同?"

"一棵藤子长，一棵藤子短。"

"一棵有黄瓜，一棵没有黄瓜。"

"一棵叶子大，一棵叶子小。"

"还有其他不同吗? 再仔细看看。"我继续追问。

"一棵叶子多，一棵叶子少。"

"比较一下颜色看看。"

"哦，我知道了，一棵叶子绿，一棵叶子黄。"

"你们发现了许多不同，可是这两棵黄瓜是同时播种的，为什么他们不一样呢？"

"它栽得迟些。"

"是的，这棵移栽得迟一些。

"怎么让它长得快些、大些呢？""施肥、浇水。"冬冬说。

"那我们等会儿回去准备肥料，明天来给它施肥好不好？"（见图3-8）

图3-8　观察黄瓜

活动分析：

1.直接布置任务，引出主题。

对孩子已有知识经验不能主动关注的问题，我选择直入主题，聚焦问题，提出任务：寻找黄叶。孩子们迅速关注了叶子发黄的事，为后面"叶子为什么发黄"的深入探究奠定兴趣基础。没有采用"你们猜猜看，黄瓜发生什么变化"的泛问式，避免分散注意，偏离解决问题的重心。

2.有效提问，引导幼儿主动建构知识经验。

一是提问两棵黄瓜的不同，幼儿通过比较观察，多维辨别发现黄瓜叶子、大小、挂果的不同。二是追问还有什么不同，引导幼儿发现两棵黄瓜更多的异同，更期待幼儿发现叶子颜色不同。三是通过定位提问突出重点：在幼儿始终没有注意到叶子颜色不同的情况下，我直接引出重点，问叶子的颜色，孩子很快发现两棵黄瓜叶子颜色深浅不同。四是连续发问，引发幼儿深入思考两棵黄瓜为什么不同，判断的过程即是幼儿积极动脑主动学习的过程，总结出播种时间相同，移栽时间不一样，长得大小不一样的新经验。并迁移种植玉米的经验，引出施肥助成长的下一个任务。

电工来到幼儿园以后
——解锁电力维修工具的奥秘

吴小梅　陈爱

活动缘起：

夏季用电高峰来临前，幼儿园正常电路检修，发现一楼的消防应急安全出口指示灯有损坏。考虑本次维修工作量小，且没有安全隐患，所以在工作日请电工师傅来维修。本次维修活动，吸引了大一班几名幼儿注意，他们对电工的劳动工具产生了强烈的好奇心（见图3-9）。

图3-9　电工在干活

活动过程：

1.第一次发现："这个螺丝刀里面有磁铁？"

刚从户外游戏回来的大一班一群孩子，发现有一个陌生的叔叔蹲在那里专心工作，南南好奇地问："那是谁？他在干什么？"于是他们走到电工师傅身边，问东问西，看到地上摆着各式各样的维修工具，孩子们指指点点，一下子打开了话题，"我在我爷爷家见过这个工具。""我在我家也看见过。""这个工具我家也有。""我爸爸用这个工具给我修过玩具……"

看到孩子对电工的这些劳动工具十分感兴趣，我问："这些维修工具分别有什么用？"孩子们认真观察起电工师傅干活，只见电工师傅用十字螺丝刀把螺丝拧下来，孩子们异口同声说："这个是拧螺丝的。"地上一共有两把螺丝刀，我又问："仔细看看，两把螺丝刀一样吗？"孩子们把螺丝刀拿在手上仔细观察："这个长，这个短。""一个前面扁，一个前面尖尖的。"南南反应最快："叔叔，这个工具叫什么名字？"电工叔叔耐心地科普道："这个扁的，像汉字'一'，叫一字螺丝刀；这个竖的看起来像汉字'十'，叫十字螺丝刀。拧不同螺丝就用不同螺丝刀。"电工叔叔边说边示范。

小雪拿着两把螺丝刀玩了起来，惊奇道："这里面好像有磁铁，它俩会吸在一起！"南南接过螺丝刀试试："真的有磁铁。"南南和小雪一人一把，在地上到处吸。小雪吸到一颗螺丝钉，快乐地向大家展示："你们看呀，螺丝钉不会掉下来。"南南奇怪地问："我的螺丝刀为什么吸不起来？"我提醒他："你把两把螺丝刀比较一下。"很快发现，一把螺丝刀前面的头子是黑色的，是磁铁，一把没有黑色的头。我进一步问："哪个螺丝刀好用呢？"小雪抢答："有磁性的好用，吸住螺丝，螺丝不会掉。没有磁性的螺丝刀，要用力按着才可以拧上。"电工师傅夸奖了孩子们，拿着特别小的螺丝说："你们看这种特别小的螺丝，手也拿不了，有时掉到地上都找不到，用有磁性的螺丝刀就解决了这些问题。"孩子们听了，一下子觉得：原来工具里有这么多秘密啊（见图3-10和图3-11）。

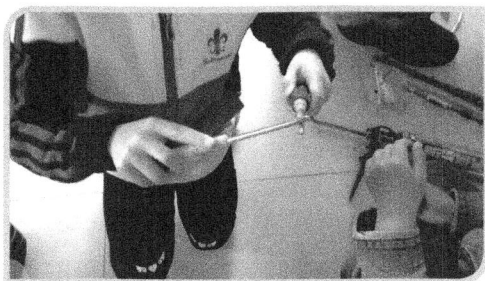

图3-10　发现螺丝刀有磁性

图3-11　螺丝钉被吸起来

2.第二次发现："这个螺丝刀很像笔。"

一旁的小颖也有了发现："这个螺丝刀有点像笔，上面有一个笔夹子。"孩子们拿着螺丝刀反复研究起来："是为了夹在口袋上面不容易掉吗？""那就叫铅笔螺丝刀。""又不能写字，不会是铅笔螺丝刀吧。""它的身体是透明的，里面还有许多什么呀？"……孩子们研究了半天，也没个结果，于是请教电工叔叔。电工叔叔说："这是电笔，是用来检查开关插座有没有电的。"电工师傅把笔放在电线上，电笔身体就亮了，孩子们觉得太神奇了（见图3-12和图3-13）。

图3-12　发现电笔

图3-13　电工叔叔示范电笔使用

我担心孩子们回家会模仿，赶紧叮嘱："电很危险，小朋友们不能随便玩。"孩子们不能亲身体验使用电笔，但对电笔充满着好奇。

3.第三次发现：老虎钳的秘密可真多！

看到电工师傅用老虎钳子剪电线，南南说："这个工具好厉害，把铁丝剪断了。"小来说："这个是老虎钳子，我爸爸能用它把铁钉子剪断！"小雪问："为什么叫老虎钳子？太奇怪了吧。"南南说："老虎是森林之王，你说厉不厉害，这个

可以剪断铁丝和钉子，老虎钳子就是工具大王。"小颖补充
道："那前面锯齿就是老虎的牙齿。"孩子们研究老虎钳子努
力建构老虎与钳子之间的联系（见图3-14）。

图3-14 研究老虎钳子

我特意找到一根铁丝，孩子们都抢着试老虎钳，结果都
没剪断铁丝。我也试了，铁丝剪断了。南南说："老师比我们
力气大。""除了力气大，你们有没有发现到其他秘密？"孩子
们有点蒙："到底什么秘密呀？"我换一把方头的老虎钳子，
让孩子们再试一试剪断铁丝，南南最喜欢挑战，第一下剪破
一点口子，第二下，第三下，终于把铁丝剪断了！小雪、小
来、小颖都抢着剪铁丝，孩子们都成功地剪断铁丝，个个兴
奋极了。"为什么这把老虎钳子就能剪断铁丝？"我把尖头和
方头的老虎钳子并齐放在一起，继续问，"看看哪把老虎钳子
的手柄长？"孩子们指着方头的老虎钳子。"你们再把这两把
老虎钳子的钳头和手柄对比一下，哪个部位长哪个部位短？"
孩子们发现：方头的老虎钳子钳头很短，手柄很长；尖头的
老虎钳子钳头长，手柄短。孩子们在操作中发现：方头的、
手柄长的省力些。小雪问："那为什么要发明尖头老虎钳子
呢？"电工师傅解释："像墙缝里很小的地方，需要这种尖头

老虎钳子伸进去干活，方头就伸不进去。"孩子们若有所思地点点头，原来每一种工具都是有用的。

追随孩子们的兴趣，我又引出安全用电问题："电这么危险，为什么叔叔敢用它剪电线呢？"我引导孩子们观察："电工叔叔干活的时候手上戴了什么，这些工具抓手部位是什么材料做的？"孩子们先注意了工具的颜色，还注意工具上凹凸不平的纹路。在我的引导下孩子们发现：叔叔的手套是塑料做的，螺丝刀、老虎钳子的手柄也是塑料的。我继续引导："你们还知道哪些有电的地方用到塑料？""手机充电线外面白色的是塑料。""教室里插排是塑料的。""开关是塑料的。"我在孩子充分表达的基础上总结："小小的塑料，可真了不起，它会保护我们用电安全，如果电笔、螺丝刀、老虎钳子、开关上面塑料坏了就不能用，不然触电非常危险。"

4.第四次发现：还有什么神奇的工具？

看着电工叔叔又拿出一个黑色的胶布，把两根电线绑在了一起，南南很好奇："叔叔，这个胶布怎么是黑色的呀？"电工师傅："这是电工专用的绝缘胶布，刚刚电线外面的塑料皮坏了，用这个胶布把坏的地方包起来，就不漏电了。"

孩子们盯着电工叔叔的工具箱问个不停："这是什么？""这个呢？"电工叔叔逐一介绍并演示了电钻、扳手、卷尺等名字和用法，孩子们不停地"哇""噢"。我对孩子们说："这工具箱可是电工叔叔的宝贝，电工师傅干活全靠他们了。"这时电工师傅已经把消防应急灯安装好了，所有的灯都亮了，崭新的，孩子们鼓起掌来："电工叔叔太棒了！"

5.还有哪些工具藏着小秘密？

我把今天拍的视频和照片带到班级和全体幼儿一起分享，

让这几个孩子进行游戏记录，分享给家长和其他小朋友。又播放了一些用电安全的小视频，这次孩子听得格外认真。

活动分析：

该活动案例落实了"一日生活皆课程"的理念。电工的正常维修工作，生成了孩子学习的课程资源。当孩子流露出对电工工作的兴趣，我及时抓住机会，顺应孩子的兴趣点，引导幼儿去学习、去发现、去探索。

活动过程中，幼儿一直主动建构知识经验。教师没有直接介入指导，而是通过提问将问题抛给孩子，鼓励幼儿自己探索，在探索中思考，引发幼儿深度学习。

活动因认识电工劳动工具兴趣而起，却实现了"五育"并举。从一开始只认识几种电工工具到关注生活中其他劳动工具，发展到学习在劳动中使用工具。关注了使用工具过程中的安全知识，又培养孩子的观察力以及孩子们乐于思考、善于探究的学习品质。劳动过程中了解了电工叔叔辛苦，在灯亮的时刻脱口对电工叔叔说"谢谢"，是幼儿对劳动者尊重的声音。

幼儿园正在开展劳动教育实施路径的行动研究，对劳动工具的研究是其中一项内容。古人也讲："工欲善其事，必先利其器。"工具用好了，工作就会更顺利，成功感更强。

我们将克服困难，逐步建立一个工具房。在保证孩子安全的基础上，适当拓宽劳动工具范围，展览、演示各式各样的木匠工具、农具、炊具等。

我们还探索将工具和更多课程融合，如将工具和美工作品、科技作品结合等。

豆角成熟了

吴小梅　方兰霞

活动过程:

今天户外活动时,超超跑进种植园,兴奋地喊:"哇,豆角长大了!"他两手反复摆弄着豆角,不停地说:"好大的豆角,好大的豆角!""老师,这个豆角能吃了吗?""嗯,可以吃了。你会摘豆角吗?"他抓着豆角就往下拽,我及时提醒:"不能这样拽,会把豆角藤扯断的,藤子断了就不能再结豆角了。"一旁的小钰说:"我知道,用剪刀剪。"小朋友们纷纷跑到教室,拿来剪刀、小篮子,小组合作,一人端篮子,一人剪豆角。"这串好多呀!""这根豆角好长呀!""这根藤上挂满了豆角!"菜园里惊喜声不断。鹏鹏小朋友发现叶子下面藏着一串,他用左手臂轻轻地撩开叶子并抓住豆角,右手拿着剪刀一根一根地剪。超超这组的豆角叶子长得比较茂盛,有的豆角长到棚顶上去了,他们踮起脚跟,扯着豆角剪。不一会儿满藤的豆角就摘完了(见图3-16和图3-17)。

图 3-16 摘豆角

　　孩子们把豆角端到教室里，我抛出了第一个问题：比一比哪组豆角最多？"他们立即数了起来。小宇说："超超组豆角最多，一共86根。"小宇想抓点走，超超坚决不让。接着我抛出了第二个问题："最长的豆角在谁家呢？"孩子们用目测的方式，各自找出了本组最长的豆角。超超说："我的豆角长。"轩轩说："我的豆角长。"超超把两根豆角一端对齐，兴奋地说："老师，你看，我这根长！"超超和强强得意地跳了起来。

　　青青在篮子里发现了两根很小的豆角，惊讶地说："老师，谁把这么小的豆角摘下来了？""是呀。这么小的豆角能摘吗？"我边说边拿给孩子们看。"不能。""那我们摘豆角时应该注意些什么呢？"经过讨论，总结出摘豆角三个经验：一

是按一定的顺序找，要找大而长的豆角；二是不要扯拽，用
剪刀或指甲钳都可以；三是一串豆角要一根一根轻轻地剪，
大的剪掉，小的留下。

看着篮子里的豆角，我抛出第三个问题："中午想吃豆角
吗？"孩子们兴奋地回答："想！""烧豆角前要把豆角茎撕掉
才好吃，哪个小朋友会撕茎？"小永抢着说："老师，我会，
我帮奶奶掐过。"他拿起一根豆角，掐断一头留下一根茎，然
后左手顺着茎的方向往下撕，不一会儿，一条长长的茎就撕
下来了。小永："你们看，这根茎好长！"小朋友们都投来羡
慕的眼光，纷纷模仿他，有的用力过猛，尖头全部断了，茎
也断了；有的小心翼翼地一点一点掐撕，把茎撕下来了，但
没有小永撕掉的"茎"长，速度也比较慢。豆角择完后，超
超和强强负责送到厨房。微微送走了垃圾，嘉怡拿来抹布，
把桌子擦得干干净净。

图3-17　择豆角

今天的午餐孩子们吃得格外认真专注。以往不吃素菜的畅畅小朋友回家跟妈妈说："今天幼儿园中午的豆角特别好吃，可惜太少了。"家长及时给我们留言："幼儿园开展劳动好，改掉了孩子不吃蔬菜的习惯"

活动分析：

孩子全程参与豆角的种植，特别期待收获。当孩子们发现豆角长大了，成熟了，特别高兴，大声喊着，轻轻抚摸着，获得极大的情感满足，同时也格外珍惜自己的劳动成果。

采摘豆角时，我没有直接教采摘方法，孩子们能很好地迁移前期摘黄瓜的经验，比较熟练地用剪刀摘豆角，长得高的踮脚摘、隐蔽的拂掉藤子摘。超超直接拽豆角时，我及时介入，立即纠错，并顺其自然传授豆角生长知识——藤上还可以继续开花结豆角。青青发现篮子里两根小小的豆角，惋惜之情溢于言表。孩子们在亲身体验中经过讨论获得三条采摘经验。

数豆角环节既是让孩子直接感知劳动成果的成就感，也综合发展了孩子的数学素养。孩子们数豆角能从1数到86。在对量的统计基础上，幼儿学到了如何连续比较、相对比较，如长短比较，各小组目测小组中最长的一根，再和其他组豆角一端对齐比较，从而找出最长的一根。

当孩子发生争抢矛盾时，我没有介入，他们用自己的方式解决了争抢冲突，最终，超超成功保护了自己的劳动成果。

撕豆角茎环节突出小永有过家庭劳动经验，能熟练完成任务，其他孩子通过主动向同伴学习，最终完成撕豆角茎任务。

摘完豆角后，孩子们能自觉收拾劳动物品、清理场地，孩子们收纳整理的劳动习惯已形成。

劳动教育价值不仅表现在劳动技能的提升、劳动成果的珍惜，还改变了幼儿不吃蔬菜的习惯。畅畅小朋友过去不吃蔬菜，而今天不仅吃了，还嫌少了，他在劳动过程中改掉了不吃蔬菜的习惯。

本次劳动过程中，孩子们巩固了使用剪刀采摘、运用数学知识解决实际问题、辨别采摘什么样的豆角、怎样撕豆角茎等知识经验；萌生了用"轻轻的动作"保护植物，用"可惜、好吃"等词语来表达自己对劳动成果的喜爱和珍惜的情感；在劳动过程中，孩子们养成了主动收纳整理清场的习惯。

活动支持：

及时发现偶发的教育契机，紧抓幼儿感兴趣、有意义的问题和情境，及时给予有效支持。孩子在观察植物时，发现一串豆角，孩子特别兴奋，我及时抓住孩子的兴趣点，调整了今天的课程计划，当机立断让孩子摘豆角，让大自然、社会成为活教材。

有效问题，引发幼儿深度学习。采摘完豆角，劳动告一段落。我及时提问想不想吃豆角，引发孩子主动拣豆角的一系列劳动活动，让幼儿进一步体会豆角来之不易，增进了对豆角的喜爱、珍惜的情感。

巧用劳动资源，在生活中学数学。在点数豆角数量和比较豆角长短过程中主动建构数概念，学习用一端对齐比较长短的方法，感知长短的相对性。

适时介入，纠正错误的做法。当孩子用直接拽豆角的方法采摘时，我及时予以制止，告知这样采摘会伤害豆角藤，影响后期豆角生长的知识经验，没有等待孩子在自主摸索中获取经验，孩子乐于接受并很好借鉴了采摘南瓜的经验。

学会等待，允许幼儿试错。在采摘什么样的豆角时，我没有干涉孩子，孩子在比较劳动成果时发现，得出太小的豆角没有长成熟就不能摘的经验。

家园共育，增进成效。家长切身感受幼儿园劳动教育中自己孩子的成长变化，改变了对劳动教育的态度，支持甚至是积极参与对孩子劳动教育工作。

本次活动教师基本上是用扫描式观察方法在观察幼儿，获得的信息是笼统的，没有特别关注幼儿个体发展状况，特别是劳动习惯不好、能力弱的孩子参与劳动的情况，这也是我们今后努力的方向。

漂亮的小草帽

吴小梅　方兰霞

活动缘起：

5月21日，骄阳似火，大班孩子在清理园内杂草，个个满头大汗。阳阳说："要是有帽子就好了。""嗯，帽子可以遮一下太阳。你们想要什么样的帽子呢？"我们问孩子们。李雪欣说："前面有个帽檐的帽子。"轩轩说："草帽。"到底哪种帽子好呢？孩子们拿不定主意，我建议："草帽好，是用草编织的，环保；有小孔，透气；价格便宜。"最后我们决定买草帽。

我订购了两种类型的草帽，一种印有图案，一种没有图案。值日生随机分发给孩子们，孩子们表示想要花帽子。我说："没有多余的草帽了。你们想要花的，就自己设计图案吧。"

活动过程：

孩子们可高兴了。回到教室，他们拿来勾线笔，直接在帽子上画了起来：图案有小动物、植物，还有心形、圆形、三角形、梯形等；线条也是各种各样的，有线段、弧线、锯齿线、波浪线等，线条和图案排列有序且有规律有对称。图案设计好后，他们又拿来水粉颜料，涂上自己喜欢的颜色，就这样，一项项孩子们各自喜欢的小草帽就做好了。

值日生准备把画好的帽子收起来时，畅畅说："老师，我们涂的颜料还没干呢，不能放在一起。""那怎么办呢？"我把问题抛给孩子。"要是能挂起来就好了。""嗯，这个主意不错！"商议后，我们决定把草帽挂在走廊墙壁上。我到仓库里领来了挂钩，子悠、嘉轩、子轩踊跃参加，他们先在墙上贴钩子，然后把草帽一顶顶挂上钩子。

子悠说："老师，有几顶草帽带子掉了，挂不上。"我提醒他们到维修部找一些工具来帮忙。他们找出螺丝刀，拿着帽子看来看去无从下手。我边做示范边说："带子穿进去，两边必须要有小孔呀。"子轩说："我知道了，帽子一边打一个小孔。"他右手拿起螺丝刀，左手按住帽子，小心地戳出小孔后，把带子一头插进小孔，很快拉出线头，说："老师，我穿好了。""别忘了，要打结。"他将线绕来绕去，打不出来，急着说："一个头怎么打结呀？"我拿着线的一头，边示范边讲解。他学着我的方法，把结打好了，并把修好的草帽戴在头上试了试，很开心地说："刚好，刚好。"佳佳和子悠也在边看边做，他们认真地打孔、穿线、打结，一项项草帽渐次修好了。

他们把修好的小草帽挂到了墙上。后来，孩子们戴上小草帽出现在园间地头拔草、浇水，测量，小草帽成了植物园里一道亮丽的风景。

活动分析：

大班的孩子在太阳底下劳作，想到了要戴帽子。在值日生分发帽子时，发现孩子们比较喜欢有花纹的帽子，我因势利导地鼓励孩子们装饰草帽。孩子们在装饰帽子时，一是用勾线笔直接在帽子上画；二是画出了各种各样的线条，有线段、弧线、锯齿线、波浪线等，这些线条排列有序且有规律；三是线条组成的图案丰富，有小动物、植物，还有心形、圆形、三角形、梯形等几何图形，有的还注意到了图形之间的对称；四是颜色搭配有的靓丽，有的柔和，每顶帽子各不相同，每个孩子都有自己的个性和想法，绘画技能比较强。

在帽子涂上颜料未干不好收拾时，孩子们想到了挂帽子，迁移了有带子的物品是可以挂的经验。子悠在贴挂钩时，先撕掉挂钩上的薄纸，再找准木板的纹路，轻轻地把挂钩的上半部贴在墙上，神情特别专注。把帽子挂在墙上一方面解决了帽子存放问题，另一方面幼儿个性化贴挂钩、挂帽子，把走廊上墙壁布置成了帽子展示墙，一举两得。

在挂的过程中，有小朋友发现帽子上的绳索一头掉下来，无法挂上去。子轩在修理部拿出工具，因没有经验，不知道怎么用。在我示范讲解后，他很快掌握了要领，学会了戳小孔。因有穿珠子的游戏经验，孩子们穿线的速度很快。打结孩子们不会，我有点意外。因为在三、四月份的教育实践中有系鞋带、搭架子等活动，都涉及打结。孩子们为什么不会呢？原来这两种打结的条件不一样，以前学习的是两根头在一起打结，这次是一根头打结，这是我没想到的。

为幼儿提供必要的劳动防护装备。夏天气温高，太阳毒。及时为幼儿采购防晒草帽，为幼儿户外体力劳动做好必要的防护。

及时捕捉教育契机。当孩子都想要带花纹的草帽而不能满足大家需求时，我及时鼓励幼儿自己装饰草帽。

鼓励幼儿用自己的方式表现美、创造美。如何装饰草帽，我完全放手让幼儿根据自己的经验进行创作，装饰好的帽子千姿百态、各有特色。幼儿的想象力、创造力、构图能力、审美能力在作品中得到很好的呈现。

在幼儿遇到困难时，适时介入示范讲解。在一根头打结、用螺丝刀打孔，孩子们缺少经验和方法时，我适时介入，边示范边讲解，孩子们一边学习，一边又在实践中应用，一顶顶掉绳子的小草帽被孩子们修好了。

园本化实施成效

劳育共融，让劳动教育
在幼儿园落地生根

吴小梅　吴亚丽

指导思想：

在新时代教育强国建设进程中，劳动教育是贯彻党的教育方针政策的基本要求、培育和践行社会主义核心价值观的有效途径，是实施素质教育的重要内容。枞阳县钱桥中心幼儿园在认真学习《中共中央 国务院关于全面加强新时代大中小学劳动教育的意见》等相关文件及《幼儿园劳动清单》等幼教资源的基础上，努力解决之前存在的劳动教育"碎片化""浅表化"，劳动与教育相分离，劳动教育体系不完善等问题，因地制宜，梳理、建构了"爱劳动 会生活"的园本化劳动课程并初步实施。

课程理念及框架：

2023年，钱桥中心幼儿园基于本土资源、幼儿能力、生活实践三大要素，以培养"知劳动，会劳动，爱劳动"的社会小公民为目标，依托《幼儿园劳动清单》，从日常生活劳动、服务性劳动、生产劳动几个方面入手，形成了"我是生活小主人""我是劳动小达人""我是家庭小帮手"等阶梯式系列课程，分步实现"自理劳动能力培养""自发劳动习惯养成""自主劳动素养形成"的培养目标。幼儿园从课程目标、课程内容、课程实施、课程评价四个维度将劳动教育与幼儿一日生活相融合，与五大领域相融合，师幼共建，家园协同，引导孩子们在日常生活中动手动脑，感知劳动的乐趣，体会到劳动最光荣，学会自理、合作、坚持等，促进幼儿的全面发展（见图1-1）。

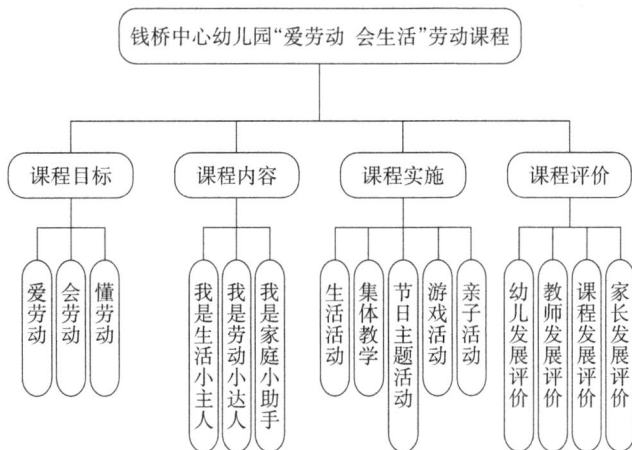

图1-1　钱桥中心幼儿园"爱劳动 会生活"劳动课程

课程内容及实施：

在园本教研中，老师们都认为，劳动教育首先要从幼儿生活活动入手，要在"忠于生活"的劳动中享受劳动成果。经过了各年级组分组研讨，中层领导、业务骨干联合教研，我们梳理出一日活动中基本的劳动内容（见表1-1）：

表1-1 幼儿每日劳动内容

一日活动环节	劳动内容
晨间来园	(1) 整理书包、水杯等私人物品。(2) 天气预报。(3) 签到打卡。(4) 照顾植物、饲养动物
晨间锻炼及户外活动	(1) 活动前，帮助教师搬运体育器械，做好准备工作。(2) 及时推水杯架，提醒同伴取拿水杯。(3) 帮助同伴塞汗巾、穿脱衣服。(4) 活动后，协助整理活动场地，有序摆放器材。(5) 幼儿园公共场所及户外环境的打扫，如捡落叶、擦滑梯等
生活活动（盥洗、吃点心）	(1) 主动洗手，并提醒同伴正确洗手。(2) 协助生活老师取放点心。(3) 按需取点心，餐后清洁
用餐活动	(1) 协助教师进行餐前准备。(2) 美食播报。(3) 自主盛饭、盛菜。(4) 清理餐盘和桌面餐残，整理桌面。(5) 主动餐后擦嘴、漱口
午睡	(1) 自主脱衣、整理、摆放。(2) 自主盥洗。(3) 午睡起床后自主穿衣、叠被、整理床铺
集体教学	(1) 活动前主动做好服务。(2) 活动中能协助老师、同伴分发整理学具。(3) 活动后能主动整理、收纳学具、摆放桌椅等
区域活动	(1) 协助老师做好准备工作。(2) 按需取材，有序操作。(3) 按照标识，收纳、整理游戏材料。(4) 参与区域内的劳动体验。(5) 整理书柜、修补图书等
离园活动	自主整理个人用品

梳理了日常劳动教育的内容，我们还要遵循幼儿身心发展的规律，小、中、大班幼儿年龄不同，能力上差异也很大。小班幼儿虽然初步萌发自我服务意识，但生活自理能力较为薄弱，日常生活处在由父母包办向自我服务过渡的关键期。

因此，我们从小班就聚焦幼儿自我服务劳动，帮助幼儿养成良好的生活习惯，形成对自我的掌控感，培养自信心。我们从穿衣、穿鞋、叠被、吃饭开始，一点一点来，在实施的过程中形成了不少劳动教育案例，如：

小班案例：我的穿鞋小烦恼

1.问题呈现

每天午睡起床孩子们在穿鞋时总会遇到不会穿、穿错、难以辨别正反的小烦恼，穿反鞋子不仅会让小朋友们感觉到脚不舒服，还会影响小朋友们的脚部发育，影响走路姿势，所以我们设计了系列活动帮助幼儿学会正确地穿鞋子。

2.解决策略

（1）鞋子的秘密。

①听故事。

"你的鞋子穿反了，换一下"，老师提醒道。接下来旁边的小朋友都会把脚伸过来，纷纷问："老师，你看我的鞋子穿对了吗？"于是小一班设计了《小黑熊穿鞋》这个活动，通过听故事来学习怎么穿鞋子（见图1-2）。

图1-2　听故事

②认识鞋子。

通过绘本故事，小朋友们了解了鞋子上有各个不同部位，但是它们的名称有点生涩难记，于是老师就把这些部位换成孩子们容易记住的名字，编成了小口诀（见图1-3）。

"小鞋子有大嘴巴，还有小舌头和小尾巴，张开鞋子的大嘴巴，拉拉小舌头，小脚滑进鞋子里，最后揪揪小尾巴，鞋子就穿好啦！"

图1-3 编口诀

（2）辨别正反。

观察正反鞋（见图1-4）。

通过观察和讨论幼儿发现：

①正确摆放的网鞋子中间会有个小洞洞。

②正确摆放的鞋子的母子贴是朝外面的。

③鞋子有大嘴巴，小嘴巴。

儿歌学习：

穿鞋歌

两个好朋友，从来不分手。

要来一起来，要走一起走。

要是穿反了，他们歪着头。

要是穿正了，他们头碰头。

在师幼讨论中我们共同总结出鞋子的大嘴巴、小嘴巴等形象，帮助幼儿更加直观地区分左右脚，分辨正反；并通过一边念儿歌一边穿鞋的方法，在轻松愉快的氛围中帮助幼儿学习穿鞋的秘诀，加深幼儿对于正反鞋的辨认与理解。

图1-4　观察正反鞋

3. 能力提升——游戏：鞋子大比拼。

（1）鞋子配配对（见图1-5）

图1-5 鞋子配配对

（2）穿鞋大比拼（见图1-6）。

图1-6 穿鞋大比拼

（3）整理大比拼（见图1-7）。

图1-7　整理大比拼

简单的游戏既考验着幼儿的专注力，也考验着幼儿对鞋子配对、正反的掌握。通过轻松、愉快的游戏体验，幼儿认真地调动手、腿、脑及认知经验一起辨别正反，通过亲身感受与实践一边游戏一边练习，在游戏中不仅锻炼了幼儿的自理能力，更增强了幼儿独立穿鞋、生活自理的自信心。

小班的幼儿经过一年的学习和成长，基本具备了日常生活自理能力，能自己吃饭、喝水、整理玩具、穿脱衣服，成为生活的小主人。到了中班，孩子们能够集中精力完成一些力所能及的劳动，所以在兼顾自理能力的基础上进行集体性的合作劳动与服务劳动，增强幼儿的社交能力和集体归属感，同时在劳动（游戏）的丰富性上进一步提升，让幼儿进一步感受到劳动的成就感，成为劳动小达人。同时也关注家人和周围生活中各行各业人们的劳动，尊重劳动成果，尊重劳动者，感受到劳动的光荣。

大班在幼儿已有劳动意识和劳动经验的基础上，侧重孩子们为集体服务的合作、奉献，注重在劳动中培养幼儿不怕困难、敢于担当、敢于探究、勇敢解决问题的能力。同时将劳动教育与家园共育、幼小衔接相融合，转变家长的劳动教育观，让幼儿在幼儿园学到的技能在家庭中得以展示、巩固，内化为自身的习惯、品质，成为家庭的小帮手。

劳动教育课程实施一年来，钱桥中心幼儿园将劳动教育融入幼儿一日生活，与德育、智育、体育、美育相融合。幼儿和教师的劳动观念、劳动能力、劳动习惯、劳动品质等劳动素养得以提升。2024年，我们在劳动教育如何与家园共育共融，推进家庭劳动教育日常化，拓宽劳动教育途径，整合家庭、幼儿园、社会各方面力量形成协同育人格局上下功夫。同时建构较为科学的课程评价体系，让评价为劳动教育的成效服务，进一步激发幼儿、教师、家长参与劳动教育的热情，并在各项活动中得到收获、成长。劳动教育已在我园落地生根，期待着它在2025年能开出更美的花、结出更甜的果！

劳动励心智，实践促成长

——横埠中心幼儿园（含老庄分园）劳动教育实施情况汇报

吴小梅　李慧梅

习近平总书记强调：要在学生中弘扬劳动精神，教育引导学生崇尚劳动、尊重劳动，懂得劳动最光荣、劳动最崇高、劳动最伟大、劳动最美丽的道理，长大后能够辛勤劳动、诚实劳动、创造性劳动。

横埠中心幼儿园高度重视以劳树德、以劳增智、以劳健体、以劳溢美、以劳促新，努力培养德智体美劳全面发展的社会主义建设者和接班人。下面就横埠中心幼儿园劳动教育开展情况及下一步举措做总结汇报。

依托课题，建设园本课程：

2022年，横埠中心幼儿园依托市级课题"基于'互联网+'家园合作幼儿劳动教育主题活动的研究"，帮助教师和家长树立正确的劳动教育观念，着手建设体系化的劳动教育课程。

2023年度，横埠中心幼儿园完善园本劳动课程实施网络图，从服务性劳动、种植养殖劳动、传统节日劳动、寒暑假劳动4个板块实施。细化目标任务，明晰教育思路。

强调劳动实践，发展劳动素养：

1.在自理性劳动中增强自豪感。

本年度横埠中心幼儿园将自理性的劳动重点落实在小班，引导小班幼儿获取自我服务的经验和生活技能，让幼儿为自己能完成任务感到自豪。

2.在春种秋收的种植劳动中收获快乐。

①通过种植劳动，幼儿懂得粮食来之不易，更珍惜食物，不再挑食了；②幼儿劳动过程中，情感发生了变化：从开始喊好累、泥巴好脏，到渐渐地不怕脏、不怕累；③幼儿解决问题能力变强了；④幼儿合作能力加强，愿意与人分享自己的劳动成果；⑤幼儿对周围环境不再视而不见，在生活中更关心菜地里种了什么，长得怎么样。

3.在饲养活动中与小动物一起成长

幼儿通过参与饲养活动（以养鸡为例，如照蛋、测温、做鸡窝、喂食、清扫鸡窝、为小鸡体检、照顾生病的小鸡、埋葬死去的小鸡等）来了解动物外形特征、生活习性及生长变化，进而真正去感受、了解生命，体会到生命的神奇与美好，感悟到生命的有限性和唯一性，从而学会尊重生命、爱惜生命和敬畏生命，树立积极、健康、正确的生命观。

4.在节日劳动中感受传统文化的魅力。

劳动是教育的源泉，节日是教育的契机。横埠中心幼儿园高度重视传统节日劳动，在传统节日中寻找劳动教育的契机，丰富幼儿的劳动体验，培养幼儿文化自信，引导他们从劳动体验内化到文化自觉，促进中华传统节日文化的传承与发展。

5.在寒暑假里落实家园共育的实效。

幼儿在园期间实施劳动教育，寒暑假更是要求家长积极配合，完成相应的劳动教育。遗憾部分家长配合度不高，导致部分幼儿劳动成效不明显。这一薄弱环节将是我们今后关注的重点。

聚焦问题，进行深度探究：

在两年多的劳动教育实践中，横埠中心幼儿园一定积累了一定的劳动教育经验，但也遇到很多问题，如劳动教育实施路径问题。该园省级教育装备课题"幼儿园中大班生产劳动实施路径的行动研究"已成功立项，并于2024年1月2日开题。此课题聚焦幼儿园中大班生产劳动教育实施路径研究。我们把实施路径具象为劳动内容选择、劳动基地建设、劳动过程指导、劳动素养评价四个方面。

1.种植劳动。

家园社种植基地准备：

种植基地：修整幼儿园种植区域方便幼儿园活动、制作标志牌；确定适宜幼儿活动的社区基地；摸底家庭种植情况。

种植工具准备：

（1）浇灌工具：水壶、喷壶、自动灌溉系统。

（2）挖掘翻土工具：锄头、锹。

（3）堆肥挖掘工具：钉耙。

（4）播种工具：播种器。

（5）施肥点肥工具：脱粒机、簸箕、筛子。

（6）劳动保护工具：靴子、手套、防晒衣、斗笠等。

2.养殖劳动。

幼儿园：修整养殖区域方便幼儿园活动、制作标志牌。

班级：养殖工具、如渔网、鱼缸、饲料和清洁用具。

3.手工劳动。

基地准备：木工坊、传统手工技艺基地（如扎染间等）、烘焙坊、科技创新研究劳动基地等。

工具准备：

（1）烘焙工具：电磁炉、电磁锅、炖锅、擀面杖、切面刀、揉面垫等若干。

（2）传统手工工具：剪刀、尖嘴钳、剪钳、纱线剪、精密镊子、拓印锤、绣花针等。

（3）科技工具：螺丝刀、美工刀、热熔胶枪、电路板等。

（4）木工工具：刨刀、锯子、台钳、电磨、锉刀、电钻等。

（5）泥工工具：刻刀、转盘、喷水壶等。

（6）编织工具：竹尺、编织针、编织器等。

4.劳动实践指导及评价。

教师制定幼儿劳动情况观察分析评价表，通过表格对幼儿在生产劳动中劳动工具的使用、安全意识、材料投放的合理性、幼儿劳动观等方面进行客观分析。根据幼儿表现不断调整教育策略，梳理经验，汇总资料形成典型案例集、个案集、教育教学课例集。最终总结出中大班生产劳动教育实施路径的经验。

春华秋实，结出累累硕果：

1.儿童发展。

（1）增强了儿童劳动光荣的意识。

（2）养成了儿童自觉劳动的良好习惯。

（3）提升了儿童的劳动技能。

（4）促进了儿童在劳动中交流合作的社会性能力发展。

（5）培养了儿童吃苦耐劳、坚持不懈、勇敢创新、珍惜劳动果实的优良品质。

2.教师成长。

①教师的劳动经验得到积累，劳动技能得到提高。（大部分80后、90后在家也没有从事过生产劳动，在对幼儿进行劳动教育的过程中，也是教师们学习与成长的过程，如如何根据节气和时令播种植物、如何间苗、施肥、杆插等。）②珍视劳动成果，改掉铺张浪费的习惯。③拓宽了教育视野，将劳动教育与五大领域的课程相融合，与科技创新相结合。④教科研能力不断提升，除了立项两个课题，还开展专题研讨活动20余次，撰写论文20余篇，撰写案例30余篇，教师制作微课10余件。案例《我会做，我能行》《蛋趣横生》在2022、2023年全国学前教育宣传月中在省市县逐级展播。以下是横埠中心幼儿园教师的劳动教育论文、案例、微课等获奖统计表（见表2-1）。

表2-1　横埠中心幼儿园劳动教育论文及案例统计表

编号	名称	等次	姓名
1	《浅析劳动评价对幼儿发展的影响》	省级三等奖	李慧梅
2	《大班幼儿生活物由自我管理初探》	市级二等奖	李凤莲
3	《有效劳动评价激发幼儿劳动兴趣、幼儿园劳动教育评价案例》	市级二等奖	刘梦玉
4	《玉米种植——幼儿园劳动教育的探索》	市级三级奖	刘梦玉

续 表

编号	名称	等次	姓名
5	《浅谈电化教学在劳动教育活动中的运用》	县级三等奖	刘梦玉
6	《立体评价促成长，幼儿园劳动教育评价案例》	市级二等奖	陈爱
7	《当白菜到幼儿园以后》	市级三等奖	陈爱
8	《基于互联网开展学前幼儿劳动教育的实践探索》	县级一等奖	陈爱
9	《小班幼儿自我服务能力调查研究》	市级三等奖	周华慧
10	《小小的蘑菇，强大的生命力》	县级一等奖	周华慧
11	《浅谈大班幼儿劳动能力的培养》	市级三级奖	章礼娜
12	《电化教学促进幼儿园劳动教育的发展》	县级三等奖	王云
13	《疫情背景下互联网促进幼儿劳动习惯养成的作用》	县级三级奖	俞枝芬
14	微课《奇妙的蛋》	县级一等奖	陈爱
15	微课《劳动工具清洁乐》	县级一等奖	李凤莲
16	微课《制作绿豆糕》	县级二等奖	刘梦玉
17	微课《爱吃水果的牛》	县级三等奖	周华慧

3.园所高质量发展。

①实现了园本课程——劳动教育的科学化和体系化。②形成家园社一体的劳动教育实践基地。该园已将劳动教育延伸至家庭、社会，形成一个整合性的联动系统，落实幼儿劳动多元化的同时，有利于幼儿劳动习惯养成。③五育并举，综合育人功能。

4.育人如春雨，润物而无声。

幼儿劳动教育不可能一蹴而就，需要我们坚持探索。组织实施过程中，我们也遇到师资不足、农村家长不理解、场地小、资金紧张等问题。困惑时，我们常以"大力弘扬教育家精神"勉励自己，克服困难，深耕我们的一亩三分地。我们要"苔花如米小，也学牡丹开"，为培养新时代社会主义建设者和接班人做更多贡献。

深耕传统文化，传承劳动之美

吴小梅　刘琼芳

2023年初，在接到县教体局下发的《幼儿园劳动清单》后，我们对枞阳县汤沟中心幼儿园目前常态化劳动教育实施情况进行了分析，发现随机的劳动时间和碎片化的劳动任务使得幼儿只是为了劳动而劳动，并未能真正达成劳动教育的目标。

劳动意味着付出，在某些时候可能还伴随着辛苦。若不能科学适宜地组织劳动教育，不仅不能养成良好的劳动习惯，反而将劳动视为一种惩罚和负担，与我们的教育目标背道而驰。基于此，我园积极探索如何有效实施劳动教育，使其从抽象的理念转化为具体的行动。目标是激发幼儿对劳动的浓厚兴趣，引导他们自觉地参与劳动，并从中得到快乐和探索的机会。

受2022年北京冬奥会开幕式将我国的二十四节气融入其中的启示。我们将二十四节气与劳动教育相结合，这不仅有助于传统文化传承，也让劳动教育更具内涵，劳动教育的内容更加丰富多彩。

我们对二十四节气的习俗进行梳理和分析，并结合当地的风俗习惯挖掘出了一系列适合幼儿参与的劳动，包括手工劳动、食育劳动以及农耕劳动。

接下来，我将与大家一起分享我们开展的一系列与节气相关的劳动。

节气背景下的手工劳动：

我们将二十四节气与手工劳动相结合，开发出了一些手工劳动项目，如春分做风筝、清明时用柳条编花环、夏至时编彩绳等。在"芒种"时节，教师组织幼儿编织彩线，幼儿用五根或七根绚丽多彩的线编织在一起，创作出了独特的彩绳。他们将这些独一无二的彩绳戴在手腕上，得意满满。在自主探索过程中，幼儿不断发现问题、解决问题，最终创作最为满意的作品。培养了孩子们坚韧的意志和耐心，锻炼了他们手眼协调的能力和小肌肉的发展，感受到劳动创造美的乐趣。

节气背景下的科学探索劳动：

二十四节气中每个节气都包含着丰富的科学知识，将科学探索和劳动进行融合，幼儿在具体的劳动中培养了探究的兴趣，学习了一定的科学知识。例如，在惊蛰节气前后，气温逐渐上升，降雨增多，微生物繁殖加速，这是防治虫害的关键时期，幼儿在巡视小菜园时，发现菜叶上有许多虫子咬过的洞。这引发了他们浓厚的兴趣，激发了他们新一轮的观察和实践，是谁吃了叶子呢？孩子们在菜地里找到了七八种昆虫，这让他们为青菜的生长环境产生了担忧。教师适时引导提问：使用什么方法可以除虫？孩子们通过书籍或咨询找到了解决的办法，他们尝试用手抓虫，但效果不太理想，经过失败的尝试后，他们决定自制"农药"来消灭害虫。然而他们发现自制的药水并不能将所有的昆虫都能消灭掉，死的大多数是软体昆虫，如：蚂蚱和西瓜虫等依然还有存活。了解情况后，孩子们提出要继续探究更好地根除害虫的办法，于是我请他们回家询问种植经验较丰富的家长们，几位孩子提出了相同的办法，使用"草木灰"除虫的土方法，孩子们将自制的草木灰，取出撒在菜叶上，几天后，孩子们发现没有了虫洞，青菜又开始茁壮成长了。

节气背景下的食育劳动：

针对当前许多幼儿"衣来伸手，饭来张口"的现象，我们将二十四节气与食育相结合，激发幼儿参与劳动的热情，增进他们对劳动的体验，培养劳动意识和劳动习惯。我们构建了食育平台，通过"农家小厨房"引导幼儿参与劳动实践活动。在春分时节，家长和孩子们一起采集香椿，与老师一同制作香椿炒鸡蛋；清明时节做青团、芒种时做粽子、冬至时制作饺子等等。这些"食育劳动"是孩子们最喜欢的活动，通过参与劳动，他们不仅了解我国的传统美食，体会辛勤付出才换来眼前的美食，从而萌发对劳动者的尊敬、感激之情。进餐时让幼儿排队自己领取食物、自主进食，安排值日生轮流负责餐后整理工作，包括收拾餐具、擦桌子、摆放椅子、打扫卫生。

节气背景下的多样化种植活动：

幼儿接触种植较少，对农业生产和农作物的了解严重不足。我们精心编撰了一份涵盖一年四季农作物种植的指南，教师结合不同节气的变化，带领幼儿一起种植大蒜、青菜、向日葵、玉米、胡萝卜等作物。让幼儿通过农作物的种植、管理等活动习得相关种植知识，体验劳动的艰辛与乐趣，培养孩子们吃苦耐劳的精神，助力形成良好的劳作习惯。去年年底，我们还组织了一场"种植讲坛"活动。一些孩子感慨地说："我亲眼见证了种子从发芽到长大、开花结果的全过程。这神奇的变化让我深受感动，让我意识到食物的来之不易，也学会了珍惜食物。"另一些孩子说："种植不仅仅是一种劳动，更是一种责任和希望。"还有的孩子说："每一颗种子都象征着希望，只有通过辛勤的劳作和细心的呵护，我们才能将希望变成现实。"

二十四节气代表了自然的发展规律，同时也是人们参与劳动的指向标。为了激发孩子们更加积极地参与节气劳动，我们今后还将以家庭、幼儿园和社会为抓手，形成三级联动。加深孩子们对二十四节气的认识，促使他们在这些传统知识的熏陶下培养出劳动意识，提升劳动技能和习惯。如：设立主题劳动项目、建立规范的劳动时间和规则有助于培养幼儿的自律性。设定每天固定的劳动时间，让幼儿逐渐养成按时参与劳动的习惯。另外，明确的规则可以让幼儿知道在劳动中应该做什么，如何做以及如何合作，从而提高他们的劳动效率和能力。

后　记

　　幼儿园劳动课程资源建设历时3年,《枞阳县幼儿园劳动清单》于2022年12月起在县域内推广使用,幼儿园劳动教育薄弱环节得到高度重视,"五育"并举在幼儿园落地生根,开花结果。

　　《枞阳县幼儿园劳动清单》出台经历了拟订、实践、研讨、修订、定稿等几个环节,倾注了县内一批幼儿园、幼儿教师的心血,收获了幼儿参与劳动实践过程无以言表的快乐。幼儿积极主动参加劳动的意识和实际劳动能力都得到提升,对自己劳动成果也无比珍惜,在劳动过程中养成积极主动、认真专注等学习品质。

　　我们虽苦犹乐,也坚定做下去的信念,更有做出高质量课程的信心。也希望我们的努力能实现幼儿园课程资源共享,能够辐射到更多的地区,给更多的幼儿园借鉴经验。

　　在此,特别感谢李慧梅、方兰霞、刘燕红、钱文凤、叶静瑜、朱润梅、方建安、吴燕娟、汪润、刘梦玉、阮媛、张群、朱晓君、吴丹丹、刘琼芳、吴亚丽、侯伶俐、陈爱、刘明珠、朱艮艮、丁琳、汤玮、张新平等老师的积极参与。感谢县示范幼儿园、义津中心幼儿园、义津第二幼儿园、横埠中心幼儿园、浮山中心幼儿园、汤沟中心幼儿园、雨坛中心幼儿园、钱桥中心幼儿园、白梅中心幼儿园等单位的大力支持。

感谢枞阳县教育体育局领导等给予了大力支持与帮助。